学習者端末　活用事例付

# 国語教科書のわかる教え方

## 1・2年

谷和樹・長谷川博之〈監修〉
田丸義明・水本和希〈編〉

学芸みらい社
GAKUGEI MIRAISHA

# 刊行の言葉

谷　和樹（玉川大学教職大学院教授）

「ごんぎつね」という単元名はありません。「読んで考えたことを伝え合おう」が単元名です（東京書籍四年下／令和三年版）。その単元で使用される「教材」が「ごんぎつね」です。「ごんぎつね」を学ぶのではありません。「ごんぎつね」を使って「読んで考えたことを伝え合う」という「学び方」を学ぶのです。授業中、教師も子供たちもそのことを意識しているでしょうか。

「伝え合う」ためには、「何を伝え合うのか」という中身を子供たちが持っていなければなりません。そこで、必要とする「言葉の力」が教科書では示されています。この単元では次の二つです。

①人物どうしの関わりを考える。
②中心人物の変化をとらえる。

たとえば「中心人物の変化をとらえる」ためには、次の理解が前提になります。

ア　人物（一、二年）
イ　人物がしたこと（一、二年）

ウ　中心人物（三、四年）
エ　人物の行動、会話、性格を表す言葉（三、四年）

さらに五、六年になればここから「物語の山場」「情景描写と人物の心情の関連」等へと進みます。こうした「学び方」が、教科書には系統的に示されているのです。各学校にしっかりとしたカリキュラムがあるなら別ですが、そうでなければまずは教科書が示している学び方の系統を確認することが第一です。

もちろん、教科書にも不十分な点はあります。中心人物の変化をとらえるために、言葉と行動と出来事を整理する方法が示されています。しかし、整理したことから「気持ちを想像する」ための手がかりが希薄です。「繰り返される出来事の共通性」や「イメージ語」に着目すること等を楽しく指導するなら授業の熱中度は高まるでしょう。

また、「読んで考えたことを伝え合おう」という単元名なのに、「伝え合う」手立てのヒントがありません。パソコンやタブレット、各種のアプリ等を効果的に使い、書いて伝え合う方法、小グループで伝え合う方法、クラス全体で伝え合う方法等を工夫すれば、さらによい授業になりそうです。

本書は、そうした「教科書の活用方法」「ＩＣＴとの組み合わせ」等の実例を分かりやすく示したものです。多くの先生方のお役に立てば幸いです。

# まえがき

国語教科書は、他教科のそれとは少々違う組み立てになっている。

英語教科書にはキーセンテンスがあり、ターゲットダイアローグが明示されている。

算数教科書には例題、類題、練習問題、発展問題が配列されている。

社会や理科の教科書も単元の括りが明確で、何を学ぶかが明々白々である。

国語教科書は違う。率直に言えば、素材が並んでいるだけである。

だから、調理する教師の腕によって、上質な授業にもなれば、廃棄物のような授業にもなる。

腕の良い教師は、そう多くはない。

結果、指導書頼みの、だらりとした、力のつかない授業が量産される。

「国語の授業は難しい」と言われ続けてきた、その理由はここにある。

今、私は「素材が並んでいるだけである」と書いた。正しく言うと、並んでいるだけであった。令和の今は「学習」ページが充実し、何を学ばせるかが少しは明確になり、だいぶ使い勝手が良くなった。

それでも、どのように授業すればよいのかと思い悩むページも残る。とりわけ「書く」ページと「話す」ページがわかりづらい。収められた例文や活動例が子供たちの実態と乖離しており、そのまま用いようとすると場が混乱する。

そういうケースに、本書第Ⅵ章が効く。こういう問題提起こそ、書籍の存在意義である。

第Ⅱ章も刺激的だ。低学年の編集を担当した田丸義明氏は言う。

新指導要領で重要視されている指導事項の一つに「語彙指導」がある。
低学年の学力差の背景に、語彙の質と量の違いがある
語彙がわからないと言語活動に参加できない、内容理解が難しくなる
語彙は全ての教科等における資質能力の育成や、学習の基盤となる言語能力を支える重要な要素と中教審で述べられている。
では、どのように語彙の質と量を充実させていくのか。
さらに、一台端末を活用したこれからの授業をどうつくっていくのか。
これからの私たちに求められている課題である。本書では、そのことに対するヒントがちりばめられている。

収められた実践だけで語彙力を高めることは困難だ。このような提案を叩き台にして、それぞれの現場で実践を重ね、より効果のある指導法を生み出し、シェアする。シェアされた指導法を叩き台にして、いっそう効果の高い指導法を生み出し、再びシェアする。そのような連続的な取組みの中に身を投じ、教育の発展に寄与したいと願う教師たちが存在する。まさに我が国の財産である。

二〇二一年初夏

**長谷川博之**（ＴＯＳＳ副代表　ＮＰＯ法人埼玉教育技術研究所代表理事）

# 目次

## Ⅲ 各領域「学習ガイド」ページの見方・考え方

## Ⅳ 達人が使うICT活用――うまい使い方ヒント



## Ⅴ 「有名教材・難単元」のわかる教え方――ICT紐づけ授業づくり

## Ⅵ 「このページどうやって授業する」の悩みに応える内容別授業ガイド

## Ⅶ コピーして、子供が使える〝振り返り〟チェックシート

「おむすびころりん」

# 国語を学ぶって何て楽しいんだ

## 子供に専門家の知を探究する過程を体験させよう

▼田丸義明

### 1 「見方・考え方」を獲得させる

**(1)「読み方」に気付かせる**

一年生の「おむすびころりん」に次の記述がある。

> **のぞいてみたがまっくらで、みみをあてたらきこえたよ。おもすびころりんすっとんとん。ころころころりんすっとんとん。**

音読をさせると子供たちは元気よく読む。そこで、

> **先生は、違う読み方の方がいいと思うんだけどなぁ。本当にその読み方でいいのかな?**

と、問う。教室は、「なんで?」と言う子、「これでいいんだよ」と言う子、様々な反応が返ってくる。

> **国語は、教科書の文章に答えが書いてあるから、よく読んでごらん。**

と言うと、そのうち、「みみをあてたらって書いてあるから小さい声なんじゃないかな」と言い出す子が出てくる。

> **何でおじいさんは穴に耳を当てたのかな? みんなが耳を当てるときはどんな時?**

と聞けば、「音や声が小さい時」となり、ここは、小さな声で読めばいいのだねということがわかる。

**(2)「読み方」を活用させる**

次の時間には、

> **おなかがすいてることなんか、わすれてしまったおじいさん。うたにあわせておどりだす。おむすびころりんすっとんとん。**

の部分をどうやって音読したらよいかやってみさせる。前の時間に学習したことを活かして子供たちは「おどりながらだから、おどっているおじいさんに聞こえるぐらいの声で読む」と答える。前の時間に学習した「文章に書かれていることをもとにして音読する」という「見方・考え方」が身についているから、すぐに答えが出てくる。

### (3) 次の学年でも「読み方」がつながる

ここで学習した、

**文章に書かれていることをもとにして音読する。という「見方・考え方」は次の学年でも活用される。**

例えば、二年生の「ふきのとう」には、

**竹やぶの竹のはっぱが、「さむかったね。」「うん、さむかったね。」とささやいています。**

という記述がある。これも、どのように音読すればよいのかがすぐにわかる。しかし、一年生で先のような学習をしていなければ、大きな声で読んでしまうだろう。また、三年生の「モチモチの木」には、

**「医者様をよばなくっちゃ。」**

という豆太のせりふがある。これは「このように言った」と書いていない。だからこそどう読むか、大きな声なのか、一人でつぶやくような声なのか。それを考えさせ、意見を交流してもよい。

つまり、音読一つとっても、「見方・考え方」を得ることで「系統的に、知的な面白さ」を感じさせることができるのだ。

**「本文に書かれているように音読する」**

↓

**様々な教材でも活かされる**
**（系統性のある）「見方・考え方」**

### (4) 説明文での「読み方」

次は「説明文」で考えてみる。

一年生の「くちばし」「じどう車くらべ」「どうぶつの赤ちゃん」は、「問い」（問題）と「答え」という構造で書かれている。しかし、当然、一年生の子供は気付かない。

そこで、「クイズの問題のようになっている文があるよ。どこか探してごらん」「問題があるなら、答えもあ

るよね。どこかな」と指示する。

「問い（問題）と答え」についての学習を「くちばし」で行い「じどう車くらべ」で行い、「どうぶつの赤ちゃん」で行うなど、繰り返すことで、教材文が変わっても、「問い（問題）と答えについて、前にも勉強したよね」と気付くようになる。

つまり、子供たちは「『問い（問題）と答え』でできた文章がある」という「見方・考え方」を得るのである。すると、他の文章に出会ったときに「あっ、問い（問題）と答えでできている」ということに、気付く子が出てくる（または、教師が意図的に出会わせる）。この「学習したことが他の場面で活かされた」という感覚こそが「知的な面白さ」ではないかと思う。

### (5)「読む」と「書く」をつなげる

さらに「みんなも問題と答えの文章を書いてみよう」と、「読む」と「書く」をつなげることで、発展性のある学習になる。問題と答えの文章作りを、子供たちは夢中になって取り組む。

> **「学校の給食にはどんなものが出るでしょうか。例えば、カレーがあります。カレーはちょっとからいけれどおいしいです。」**
> **「背が高くてメガネをかけている男の人です。これは誰でしょうか。これは、田中先生です。」**

などの「問題と答え」の文章を書いて、お互いに交流し合う。「学習したことを発展的に活用する」という場面である。

ここまで、「見方・考え方」を得ることで学習が積み重なること、それを活かして学びを深めることができること、それが「学習の面白さ」であることを事例をもとに紹介してきた。「読む」を中心に扱ってきたが、もちろん、「話す・聞く」「書く」でも同様である。

「問題（問い）」と「答え」でできている
↓
様々な教材でも活かされる
（系統性のある）「見方・考え方」
↓
「問題（問い）」と「答え」を使った文章を
自分で作ってみる
↓
「読む」で得た「見方・考え方」を
「書く」で活用する

## 2「学習」ページを活かす

先ほど示した「見方・考え方」には系統性がある。教師はそれを把握しておき、「この単元でこれを獲得させ、この単元でそれを活用する」と年間を通じた「学習計画」を持っている必要がある。しかし、それは、個々に任されているのではなく既に教科書に書かれている。それが、「学習」のページである。各単元の後半に見開きで載っている。このページを読んでおくことで、「これまでに何を学んできて、ここでは何を学ぶのか」が見えてくる。本書では、そのことにも触れながら、各単元の授業を紹介している。

## ③ICTを活かす

一人一台端末を使うことで、これまでの「学び方」とは違った「学び方」ができるようになった。

**ICTには、「即時性」「一覧性」「協働性」などの特長がある。**

「即時性」とは、「その場で」ということだ。先生がコピーをして配布しなくとも、例えば、ノートを写真に撮る、意見を入力するなどすれば、「その場で」相手に知らせることができる。

「一覧性」があることで、全員の意見や作品を見ることができる。これまでは、順番に一人の意見を全員が聞いたり、二人組でノートを交換したりするなどして「一対全員」「一対一」でのやりとりをしていた（これは、これで意味がある）。それが「全員が」「全員の」意見や書いたものを把握することができるようになった。

**ICTの特長**

↓

「即時性」：その場で
「一覧性」：全員で
「協働性」：他の人と一緒に
「個別性」：自分にあった
「立体性」：様々なツールで

学びを深めることができる

また、これまでは、自分の作品は自分で作ることが当たり前であったが、ＩＣＴを活用することで一つの作品をみんなで一緒に作ることもできるようになった（協働性）。さらには、他の学年の子との交流、他の学校の子との交流、地域の方との交流なども可能である。

「即時性」「一覧性」「協働性」の他にも「個別性」や「立体性」（文字、写真、動画などを組み合わせられる）などの特長がＩＣＴにはある。授業でどのように活用するか、本書で紹介しているが、こういったＩＣＴを活用した「学び」も新しい時代の学習の面白さではないだろうか。

「読むこと」

# 国語教科書の新しいコンセプトとは

## ①語彙習得　②学習ガイド　③ICT

▼武田晃治

### 1 語彙指導の充実

「友だちと公園であそびました。たのしかったです」「図工で工作をしました。たのしかったです」

子供の感想が、「たのしかった」ばかりになってしまうことがある。

教科書の新しいコンセプトの一つは、語彙指導の充実だ。各社、子供たちの語彙が豊かになるように、工夫を凝らしている。

「楽しい以外に、どんな言葉があるかな」

・おもしろい　・わくわくする　・うれしい
・よろこぶ　・ほっとする　・気持ちがいい
・気に入る　・おどろく　・どきどきする…

二年生以上の教科書には、巻末に言葉に関する資料が付いているので、すぐに確認することができる。

中央教育審議会答申は、「小学校低学年の学力差の大きな背景に語彙の量と質の違いがある」と指摘している。そのような背景から、各社教科書の語彙指導が充実した。

しかし、列挙された語彙を眺めているだけでは、身に付かない。そこで、

**巻末の言葉を使い、作文やスピーチを直してみよう。**

**使った言葉は、赤鉛筆で囲んでおきましょう。**

のような、生きた文の中で使えるようにするための具体的な指導が必要になる。

**語彙指導の充実**

光村 … 言葉の宝箱
東書 … 言葉の広場
学図 … 言葉の部屋
教出 … 言葉の木　言葉のまとめ
他、「言葉」のページ

## 2「学習ガイド」で学習過程の明確化

算数の教科書はわかりやすい。「例題→まとめ→類題」という流れで構成されている。教師がいなくても、自分で学習を進めることができる。

一方、以前の国語教科書は、どのように学習を進めたらよいのか、わかりにくかった。

新教科書は、学習過程を明確化している。

構成や使っている言葉は各社で異なるが、例えば光村では、「読むこと」の単元を、「とらえよう」「ふかめよう」「まとめよう」「ひろげよう」という学習過程で、六年生まで統一している。

**教科書「読むこと」単元**
**学習過程の例（光村）**

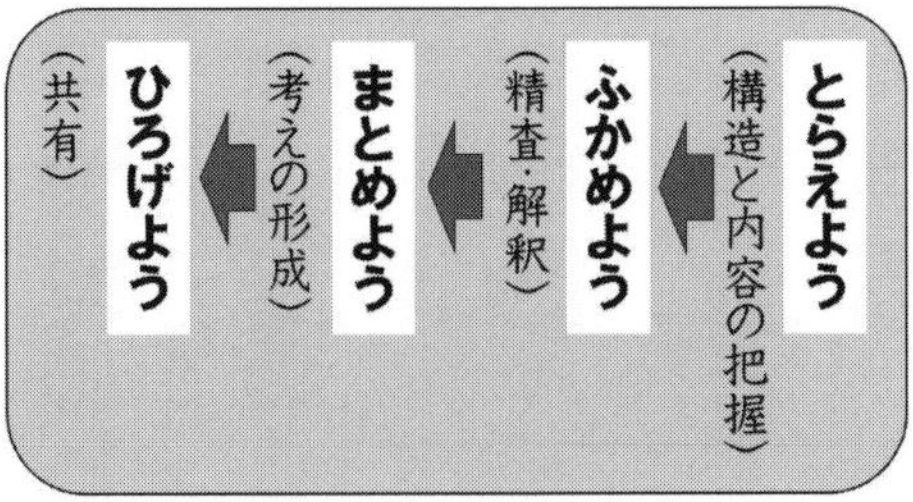

**とらえよう**（構造と内容の把握）
↓
**ふかめよう**（精査・解釈）
↓
**まとめよう**（考えの形成）
↓
**ひろげよう**（共有）

学習の流れは、教科書に示された。しかし、集団学習で教室の子供たちが、それだけで学習を進めることはできない。

例えば次のような教師の指示や発問が必要となる。

> **全員起立。一回、音読したら座りなさい。**

> **がまくんの気持ちは、いつ変わりましたか。**

## 3 ICT活用で、授業が変わる

光村の教科書には、ＱＲコードが付いている。教科書の叙述を補足する映像や、スピーチのお手本動画等を視聴することが可能だ。

「うみのかくれんぼ」（光村・一年）。「一番、すごいと思った生き物は、何ですか」という発問で、討論を行った。「はまぐりです。すばやくもぐってかくれると書いてあるからです」という意見に対して、動画を視聴した子が、反論をした。「動画を見たら、すばやくない。たこの方が速い」。確かに、はまぐりの体全体が隠れるまで、一分以上かかっている。映像をもとに、叙述が正しいか、一年生が検討を行うことができた。

一人一台端末で、授業の形が変わる。

「あいうえおうさま」

# 「語彙」習得のヒント

## インプットとアウトプットで語彙の量と質を豊かにする

▼三浦宏和

低学年における「語彙」習得のキーワードは次の三つである。

> **(1) 語句の量**
> **(2) 話や文章で使う**
> **(3) 意味による語句のまとまり**

各学年とも、語句の量を増やすことと、語句のまとまりや関係、構成や変化について理解することが目標となっている。各単元の中で、教師が意図的に語彙を増やす学習を組み込んでいくことが大切である。

### (1) 語句の量

語句の量を増やしていくためのインプットの方法を挙げる。

> **読書をさせる。**
> **絵本の読み聞かせをする。**
> **短い詩や言葉遊びを暗唱させる。**
> **言葉探しをする。**
> **教師が言葉の意味を問う。**
> **教師が意図的に語彙を増やすような話し方をする。**
> **語彙を増やす授業をする。**

例えば、『あいうえおうさま』（寺村輝夫作・理論社）という絵本がある。一年生の語彙を増やすのにはもってこいの絵本である。読み聞かせをしたあと、「お」から始まる言葉集めをしてオリジナル文作りをすると楽しい。

> **あいうえおうさま**
> **お　リュックに**
> **お　を　つめて**
> **お　に　でかける**
> **お　おうさま**

### ⑵話や文章で使う

アウトプットさせることで、量とともに質も向上させる。

例えば次のような活動がある。

> **文作りをさせる。**
> **動作化させて、言葉の意味だけでなく、イメージをもたせる。**

ニュアンスの違いがある言葉がある。その言葉のもつイメージに対して、まだよく知らない子供も多い。低学年には動作化させることは有効であると考える。

### ⑶意味による語句のまとまり

意味による語句のまとまりとは、ある語句を中心として、同義語や類義語、対義語など、その語句と様々な意味関係にある語句が集まって構成している集合である。例えば、動物や果物の名前を表す語句、色や形を表す語句などは、相互に関係のある語句として一つのまとまりを構成している。

相互に関係のある語句の例を挙げると、一年生だと、「船」の仲間に「ヨット」「フェリー」などがあること、「車」の仲間に「トラック」「ダンプカー」などがあることのように、上位語と下位語の関係などがそれにあたる。

各教科書には巻末に「ことばのたからばこ」（光村）などの、語彙を集録したページがある（P16参照）。その学年に最低限習得させたい語句でもある。ぜひ活用したい。

指導要領には一、二年生解説で、

> **オ　身近なことを表す語句の量を増し、話や文章の中で使うとともに、言葉には意味による語句のまとまりがあることに気付き、語彙を豊かにすること。**
> **【国語編】小学校学習指導要領（平成29年告示）解説**

とある。

また、中央教育審議会答申において、「小学校低学年の学力差の大きな背景に語彙の量と質の違いがある」と指摘されているように、語彙は、全ての教科等における資質・能力の育成や学習の基盤となる言語能力の重要な要素である。このため、語彙を豊かにする指導の改善・充実が学習指導要領では図られている。

「くじらぐも」

# 「学習ガイド」を活用するヒント

## 「学習ガイド」をもとに、指導すべき内容を理解しよう

▼柳町　直

### (1) 問いの例が載っている「学習ガイド」

「学習ガイド」は、学習のめあてと学習内容を捉えるための問いが載っている。授業を進めるうえで読んでおきたいページである。

例えば、「くじらぐも」の場合は、

> **「くじらぐも」を、こえにだしてよみましょう。**
> **かぎ（「　」）のところは、どのようによみますか。**

「うみのかくれんぼ」の場合は、

> **はじめてしったことは、なんですか。**
> **うみのいきものは、どんなかくれんぼをしていましたか。ともだちとはなしましょう。**

と、問いや活動が紹介されている。

一年生の教科書の「学習ガイド」は、主に読む単元のものである。学習ガイドのページを参考にして、授業を組み立てていきたい。

### (2) 「読む」単元

一年生の「読む」単元における「学習ガイド」はこのようになっている（下図参照）。

> **一、学習のめあて**
> **二、問いの例**
> **三、大切なポイント**

「たいせつ」に書かれているポイントを押さえたうえで、教科書の問いを参考に、発問を組み立てていくことが大切である。

**一年生の【学習ガイド】ページの構成**　読む単元

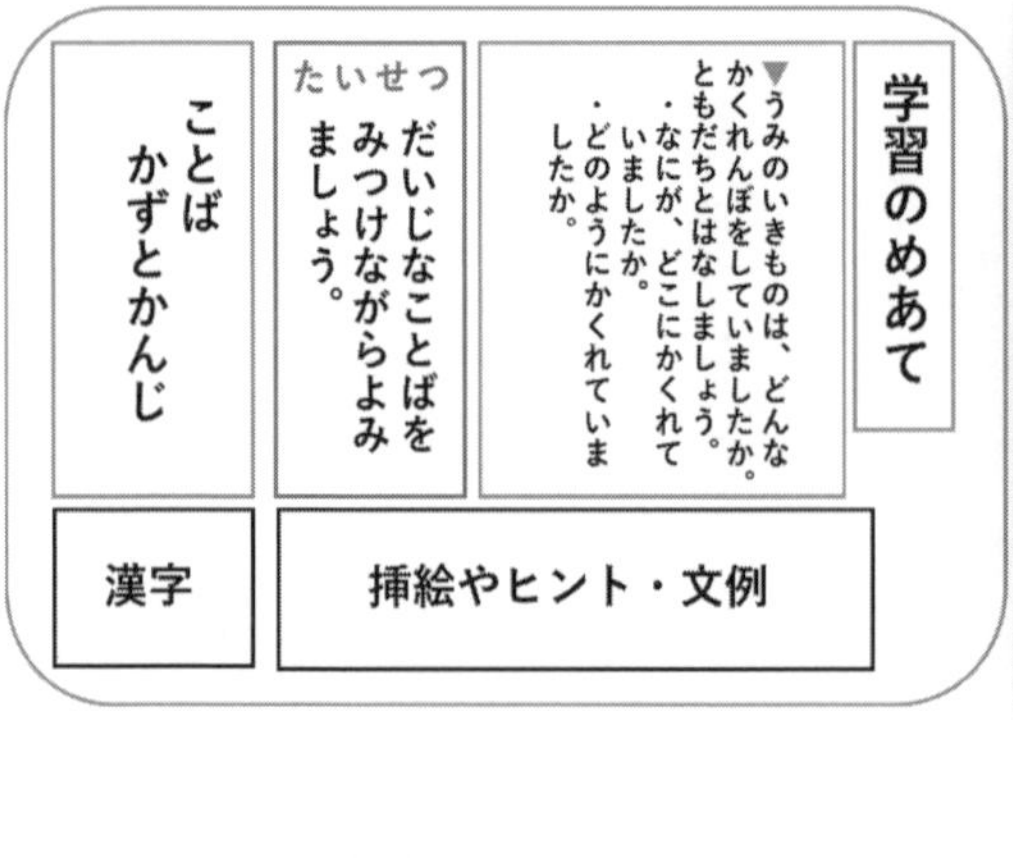

| 学習のめあて |
|---|
| ▼うみのいきものは、どんなかくれんぼをしていましたか。ともだちとはなしましょう。<br>・なにが、どこにかくれていましたか。<br>・どのようにかくれていましたか。 |
| たいせつ　だいじなことばをみつけながらよみましょう。 |
| ことば　かずとかんじ |
| 挿絵やヒント・文例 |
| 漢字 |

参照：光村図書　教科書

## （3）二年生の「読む」単元

二年生の「読む」単元における「学習ガイド」は、次のような学習の流れを示している（下図参照）。

> 一、「とらえよう」：「設定・構成」をとらえる学習
> 二、「ふかめよう」：本文を根拠に読み取る学習
> 三、「まとめよう」：「自分の考え」を作る学習
> 四、「ひろげよう」：お互いの考えを伝えあう学習

四つの学習のガイドの発問例が載っている。これをもとに授業を組み立てていくことができる。

例えば、「ふきのとう」では、

> ○「ふきのとう」は、どんなおはなしでしたか。
> ・どんなとうじょうじんぶつが出てきますか。
> ○つぎのことばをどのようによみますか。
> 　「よいしょ、よいしょ。おもたいな。」

というような発問例が載っている。

また、「主な学習活動とそのポイント」と「振り返りの視点3」が書かれている。

ここを見ると、この学習を通してどのような力をつけるのかがわかる。

「振り返りの視点3」を見て、子供たちが問いに答えられるようになっているように組み立てていきたい。例えば、「知る」の視点にこのような振り返りが書いてある。

> どんなことに気をつけて、音読しましたか。

この問いに、子供たちが、

> 本文に「小さな声」と書いてあるから小さな声で読みました。

と答えられるように学習を組み立てていきたい。

**【学習ガイド】ページの構成「読む」単元**

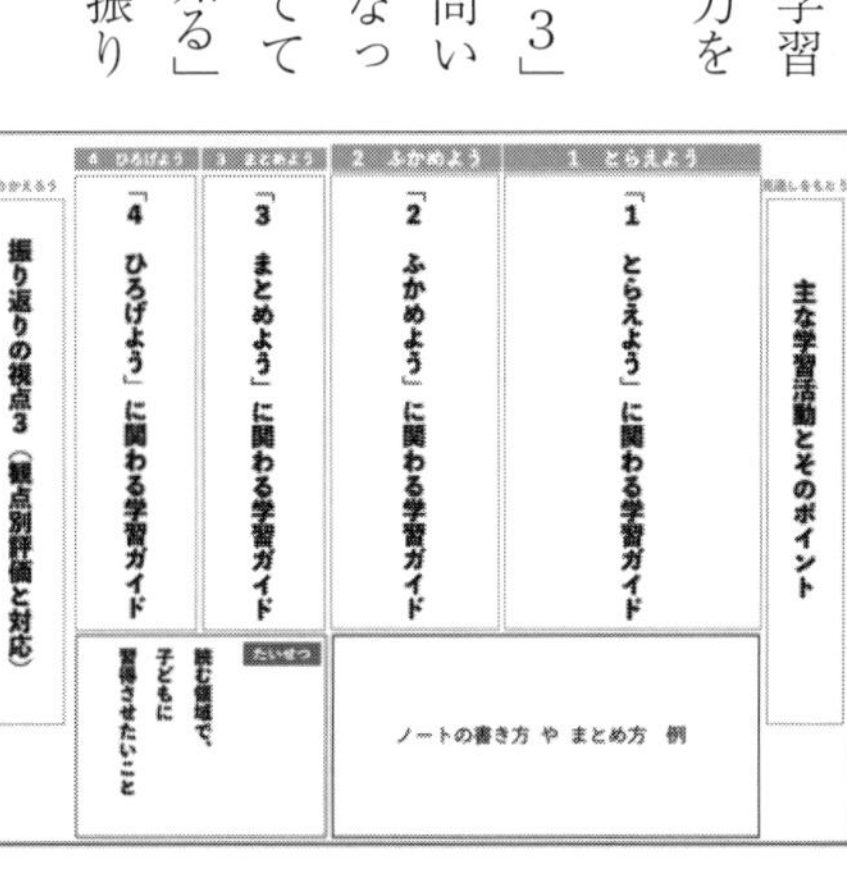

「春がいっぱい」

# ICT活用の新しい学力を考えるヒント
## 情報活用能力を国語で身につけよう

【知識・技能 (1)言葉の特徴や使い方】

▼藤原 司

### 季節のページ（光村図書）を例にして

ＩＣＴを活用した、「情報活用能力の育成」を取り上げる。情報活用能力とは「ＩＣＴを活用することで、膨大な情報から、情報を適切に収集、整理・比較、発信・伝達、保存・共有できる学力」（参考文献：第二章情報活用能力の育成）のことだ。

簡単に言うと次の四段階としてまとめられる。

1 情報を集める。
2 情報を整理する。
3 情報を発信する。
4 情報を保存する。

従来の『紙ベース』の社会から、多くの情報にアクセスしながら生きていく社会へと移行している。そのような時代に必要な「情報活用能力」を身につけさせる手立てを考える。

光村図書二年生では、「春がいっぱい」「夏がいっぱい」というページがある。ここでは、「その季節に関係するものや言葉を使って自分が見つけたこと、感じたことを紹介し合う」という学習活動が設定されている。このページを例に情報活用能力の育成をねらった授業を紹介する。

### (1) 情報を集める

まずは、情報を集める。

**春に関する言葉をできるだけ多く集めます。まずは班で言い合いましょう。**

友達と一緒に取り組むことで一人では思いつかない子への支援になる。たくさん考えさせたらノートにメモさせたり、黒板に書かせたり、一台端末に入力させたりする。

その際に、「暖かい」「ぽかぽか」のように様子を表す言葉を出したペアがいたら取り上げて褒める。また、教科書にあるように、春を題材にした詩を紹介する。

### (2) 情報を整理する

**この後、「春紹介」をしてもらいます。みんなに紹介できるように、準備をしましょう。**

と、見通しを持たせた上で、出された言葉を似たものごとにまとめたり、自分が気に入ったものを選んだりする。また、その理由を考えさせる。

情報を集める段階から、国語の時間だけでなく、生活科と教科横断的に展開していくのもありえる。

### (3) 情報を発信する

教科書には例文が載っている。同じようにして、ノートや画用紙に「私の春紹介」の文章や絵を書かせて、発表させることがスタンダードであろう。

しかし、情報活用能力の育成という視点からも、(春ではなく、秋や冬などには、)可能ならば一台端末を使って、プレゼンをさせたい。低学年では、ローマ字入力が難しいため、指で書かせたり、写真やイラストを用いたりするとよい。

全員の前で発言することが苦手な子供のために、

**隣同士で春紹介をします。**
**次に、班で春紹介をします。質問をしたり、発表者の良かったところを教えてあげたりするとよいです。**

というように、隣同士・班・などをはさむとよい。全員の前で発言する前に、少なくとも二回は、人前で話す練習をしていることになるからだ。

### (4) 情報を保存する

デジタルの良いところは、

**いくら保存しても荷物にならない。**
**誰かと一緒に作ることができる。**
**お互いに作ったものを見合うことができる。**

などがある。実際にクラス全員の意見を知ろうと思うと多くの時間を使ってしまうが、一台端末を使うことで、一気に全員の考えを確認する、情報を共有することができる。

このようにした一連の学習活動を数多く、経験することから、情報活用能力が育成されていくのではないかと考える。

言葉遊び

【思・判・表等　A話すこと・聞くこと】
# 低学年「話す・聞く」単元で「語彙力」を高める指導法

▼富樫僚一

## 1 平仮名の学習で語彙力を高める

平仮名の学習で、「あ」を授業で扱ったとする。

「あ」の書き順をマス目の入った黒板で確認し、机の上に指書きさせる。

空書きさせ、「あ」を正しく書けているかを確認した後、語彙を広げさせるために次のような発問をした。

「あ」のつく言葉は何ですか。

子供たちからは、様々な言葉が次々と出される。「あり」「ありがとう」「あまのがわ」「あいす」。

次々と、板書していく。一通り出された後で、順に、テンポ良く、声に出して読んでいく。

大きな声で読む子供たち。これだけでも、文字に興味を持ち、語彙を広げていくことにつながる。

## 2 言葉遊びで語彙力を高める

言葉への関心や意欲を高めることが、語彙力を高めることにつながると考えている。

例えば、次のようなリズム遊びがある。

①二文字の言葉をたくさんノートに書かせる。

②グループで「タンタン・うし」「タンタン・あめ」のように、拍手のリズムに合わせて、二文字の言葉を順に言う。

ゲーム性のある遊びの中で、様々な言葉に触れることができる。

二文字ができたら、三文字、四文字と文字数を変化させてもおもしろいだろう。

クロスワードパズルのような言葉遊びも子供たちは熱中する。

次のページの図のように、縦や横に読むと、二文字の言葉になるようにパズルを組み立てるのである。

意味による語句のまとまりがあることに気付かせることもまた、語彙を豊かにする。

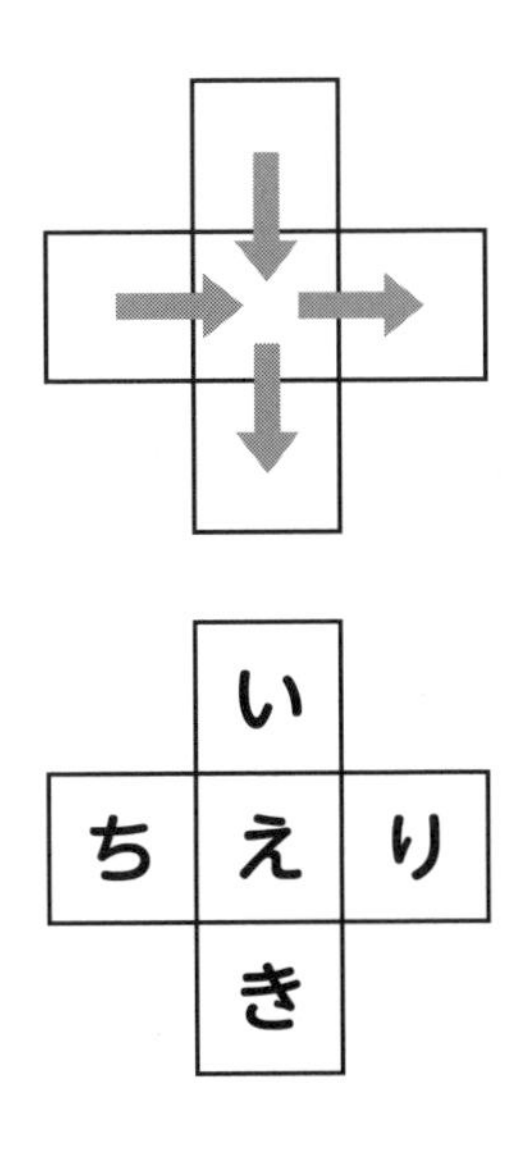


例えば、果物や動物、乗り物の種類など、関係性のある語句を一まとまりにカテゴライズしていくような学習活動が効果的だ。

次の図を示し、他にどのような果物があるか、子供たちに答えさせる。

その後、例えば「のりもの」等とカテゴリーを示し、

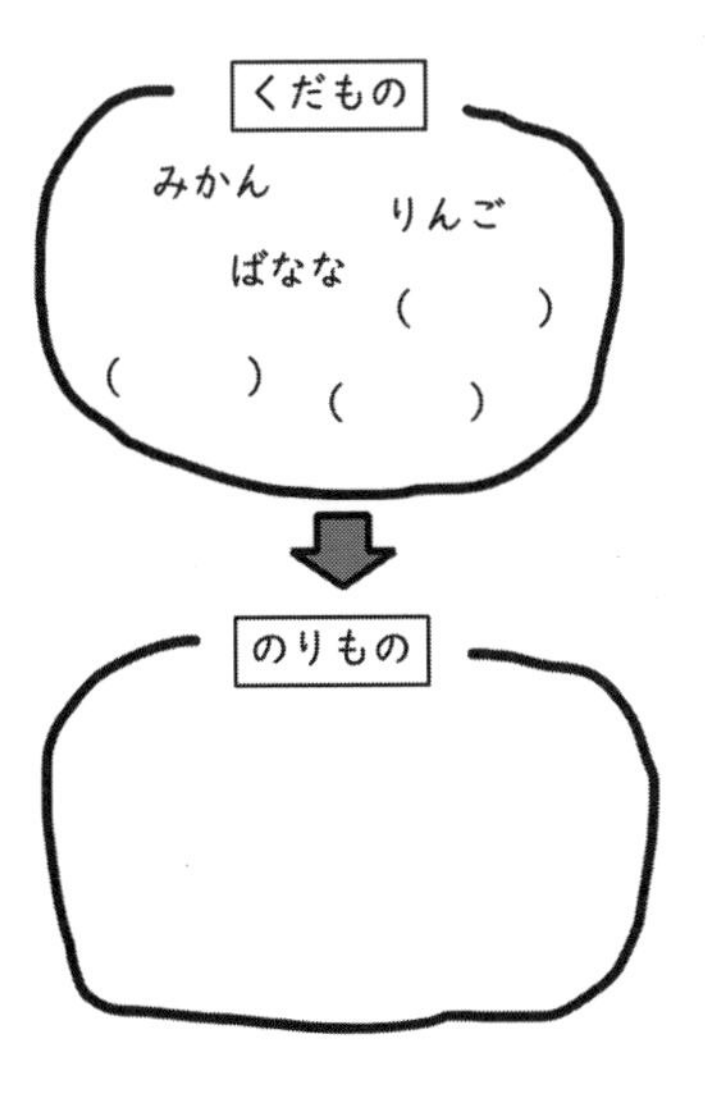


そのカテゴリーに合った語句を次々に枠の中に書かせる。

教師が、「あさがお」「ひまわり」「あじさい」等、意味のまとまりがある語句を次々示し、これらの語句をまとめる言葉（この場合は「花」）を答えさせる活動もおもしろい。

遊びの中で、子供たちは言葉への興味を広げ、語彙力を高めていくのである。

## 3 会話の仕方を教える

「近くの人と相談します」

私は、発問をした後、このように指示することが多い。

全体に伝える前に、自分の考えに自信を持ったり、整理したりすることに役立つ活動だからである。

ところが、低学年の子供たちを見ていると、すぐに話をやめて、正面を見ていることがある。

自分の考えを伝えただけで、「会話」になっていないのだ。

会話を続けるポイントの一つに、相槌を打てるかどうかということがあると考える。

これができないと、話がつながらない。

一方的になってしまうので、言葉のキャッチボールにな

らないのである。

自分の考えに自信を持ったり、整理したりするために設定した活動だが、これでは効果は薄いだろう。

## 4 教えて、褒める

子供たちは、相手の考えを聞いた後、どうしたらよいのかわからないのかもしれない。

このようなとき、大切にしたい方針がある。


**教えて、褒める。**


わからないのだから、望ましい行動を教えてあげればよい。

そして、教えたことをやってみる場面を意図的に設定し、できている子を力強く褒める。

そうすることで、望ましい行動は強化され、周囲にもじわじわと広がっていくのだ。

話し合いの仕方として、私は基本的なことを教えた。

それは、

**相手の考えを聞いたら、「いいね」と返す**

ということである。

再度、隣の友達に自分の考えを伝えさせた。教室は、ぐんっと活気付いた。子供たちの笑顔が自然とこぼれた。

## 5 多様な相槌に触れる

活気付いた意見交換。

この経験が子供たちの意識を変える。

自分の考えに「いいね」と言ってもらえたらうれしかった。このような「実感」が大切なのだ。

この段階になると、子供たちは、「いいね」以外の相槌についても興味を広げるようになる。


『小学校学習指導要領解説国語編』における「話すこ

**相手の発言を受けて話をつなぐためには、例えば、相手の発言を聞いて、質問する、復唱して確かめる、共感を示す、感想を言うことなどが考えられる。**

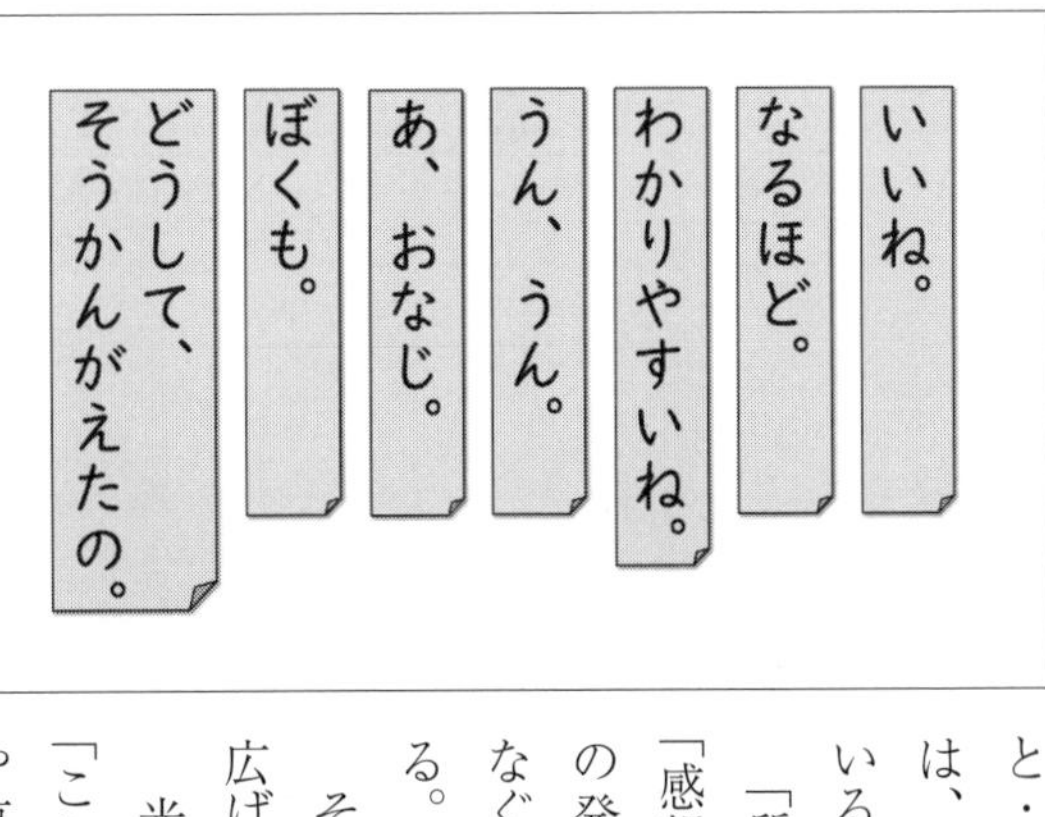


と・聞くこと」の項目には、このように書かれている。

「質問」「復唱」「共感」「感想」。これらが、相手の発言を受けて話をつなぐために必要なのである。

そこで、相槌の語彙を広げる活動を行う。

光村図書一年にある「これは、なんでしょう」や東京書籍一年にある「なにに　見えるかな」の学習では、相手の発言を受けて話をつなぐという学習活動が設定されている。相手の話を興味を持って聞き、会話をする。

その際に、教室の壁面掲示板等に、上図のような掲示物を掲示しておくと、子供たちは参考にすることができるだろう。

このような相槌の例は、子供たちから出させたい。言われてうれしい相槌をたくさん考えさせるわけだ。

**「いいね」の他に、どのような話をつなぐ言葉がありますか。近くの人と相談します。**

すると、いろいろな考えが出される。

友達の考えを聞いて、子供たちは、実は自然と話をつなぐ言葉を使っていることに気付いた。

また、「おお！」と自然なリアクションをする子がいた。このことを全体の場でも取り上げて褒めた。

そして、短冊に書き、壁面掲示板に貼り付けた。

瞬く間に、相槌を表す語彙が増えていった。

この実践の後、普段の授業でも子供たち同士の相談が盛り上がるようになった。

言葉遊び

# 低学年「読む」単元で「語彙力」を高める指導法

【思・判・表 C読むこと】

▼富樫僚一

## 1 詩の暗唱

詩には、リズムのよさや表現の豊かさがある。

追い読み、交代読み、たけのこ読みなど、様々な音読をする中で、そのリズムのよさや表現の豊かさに気付かせたい。

さらに、一歩踏み込んだ指導がある。

### 暗唱

なぜ、詩文を暗唱させるのか。それは、よい作品から言葉の使い方を学ばせることができるからだ。

低学年であれば、教科書に掲載されている「言葉遊び」から暗唱させるのがおすすめである。

光村図書の一年生の教科書には、初めて「あ」という平仮名を学ぶ子供たちに向けて、次の文を提示している。

あかるい
あさひだ
あいうえお

初めは、このような短いものから扱うとよい。

また、子供たちが熱中する暗唱指導がある。

黒板に詩を書き、それを何回かに分けて、下から消していきながら読ませる。最後には、全て消してしまうのである（向山洋一氏の実践）。

教室には、歓声とも悲鳴ともつかない子供たちの声が響き、それは次第に大きくなる。

さらに、暗唱テストを行うことで、教室が知的になる。

児童名簿を用意し、横軸に、暗唱した詩文の題名を書く。
テストでは合格したものから金のシールを貼り付ける。
こうすることで、暗唱への意欲はさらに高まる。

## 2 言葉遊びから語彙を広げる

「あかるい　あさひだ　あいうえお」という文の語句を入れ替えて、新しい文を作る活動もまた、子供たちは熱中する。

次のように板書し、子供たちに考えさせる。

**「あ□□□　あ□□□　あいうえお」**

ノートに書かせてもよいが、一年生の四月や五月であれば、口頭作文のように、発表させるとよい。

当時、担任していた一年生からは、様々な意見が出された。一部を紹介する。

「あいすだ　あいすだ　あいうえお」
「あまもり　あらあら　あいうえお」
「あめんぼ　あちこち　あいうえお」
「あっぱれ　あいさつ　あいうえお」
「あいつに　あきあき　あいうえお」
「あめだま　あかいな　あいうえお」

意見が出されるたび、子供たちは、笑顔になる。それらを黒板に書いていく。

そして、まず、作った子に読ませ、次に、全員で復唱する。

「い」「う」「え」「お」についても、同様に作り替えを楽しむことで、学級オリジナルの詩を作り上げることができる。

その詩を暗唱してもおもしろいだろう。

定型詩のリズムを楽しみながら読み、語彙を広げることができる学習活動である。

## 3 説明文で語彙力を高める

「どうぶつの赤ちゃん」（光村図書一年）では、「たいせつ」という学習ガイドにこのようにある。

**くらべてよむと、なにがちがうのかがよくわかります。**

比べて読むために、指導すべきことは何か。

それは、何と何をどのように比べ、どこに書かれているのかを捉えさせることだ。つまり、教材文の大体の構造を捉えさせるのである。

では、どのような授業展開が考えられるだろうか。

構造を捉えさせる一つの方法として、「問い」と「答え」を正対させる読解指導を紹介する（原実践：向山洋一氏）。

まず、形式段落ごとに丸番号を振らせていく。

次に、問いの文がある段落を番号で答えさせる。

**発問：問いの文は、何段落ですか。**

この場合は、①の段落だ。次の二つの問いがある。

**①どうぶつの赤ちゃんは、生まれたばかりのときは、どんなようすをしているのでしょう。**
**②そして、どのようにして、大きくなっていくのでしょう。**

さらに、それぞれについて、「問いの一文字」を見つけさせる。文末の「か」のことだ。

**発問：問いの一文字は何ですか。**

しかし、ここには問いの一文字は書かれていない。

このようなとき、私は、教科書に「か」を書き込ませることにしている。

次に、答えの文がある段落を番号で答えさせる。

**発問：答えの文は、何段落ですか。**

ライオンとしまうまのそれぞれについて答えが書かれている。二つの問いに対して、二つの答えがあることに子供たちは気付くだろう。

「問い」と「答え」を正対させる指導過程で、子供たちに文章構造の大体を捉えさせることができる。

二つのものを比べるときには、表にまとめていくとよい。「共通点」や「相違点」に気付きやすくなる。

単元の終末には、子供たちは、これまでと違った視点で、ライオンやしまうまについて、説明できるようになる。こうして、語彙力が高まるのだ。

## 4 物語文で語彙力を高める

「たぬきの糸車」（光村図書一年「こくご」）に、次のような表現がある。

**それからというもの、たぬきは、まいばんまいばんやってきて、糸車をまわすまねをくりかえしました。**

この中で、語彙力を高めるために、注目したい表現がある。

「まいばんまいばん」である。

次のように、発問する。

**発問：『まいばん』と『まいばんまいばん』では、どのように違いますか。**

「まいばん」よりも「まいばんまいばん」の方が、長い期間を表しており、たぬきがそれほど、糸車に興味を持ったということが感じられる。

同じ言葉を繰り返すことで、その言葉の意味をさらに強めることができるのである。

そこで、他にそのような言葉はないか子供たちに考えさせる。

例えば、「ずっと」。

「ずっと大好きだよ」よりも、「ずっとずっと大好きだよ」と繰り返した方が、より「いつまでも」という時間的な長さが強調される。

また、次の表現に注目させるのもよい。

**おかみさんは、おもわずふき出しそうになりましたが、だまって糸車をまわしていました。**

「おもわずふき出しそうに」とは、どのような状態かを問うのである。

子供たちは、「笑っている」「びっくりしている」等、様々に答えるだろう。

**発問：『おもわずふき出しそうに』とは、どのような様子ですか。実際にやってみましょう。**

動作化をさせることで、その言葉が持つイメージを視覚的に表現させることができる。

「ことばの たからばこ」

【思・判・表等 B書くこと】

# 低学年「書く」単元で「語彙力」を高める指導法

▼武田晃治

## 1 口頭作文

「先生、書くことがありません。」

一年生、手紙を書く単元で、こう呟く子がいた。

書く相手は、幼稚園の先生だということは決まっている。次のように助言した。

「幼稚園の先生は、小学校で楽しかったことや、頑張っていることを知りたいと思うよ。」

「一年生で、楽しかったことってなあに?」

「最近、頑張っていることってなあに?」

その子は、遠足が楽しかったことと、算数の引き算を頑張っていることを話してくれた。

「今、先生にお話したことを書けばいいんだよ。」

書くことが思いつかない子や、鉛筆が止まってしまう子には、口頭で作文させてから書かせるとよい。

## 2 先生は、〇〇〇〇

「武田先生は、」と板書。

> **先生の様子を表す言葉を、続けて書きます。**

口頭作文で、いくつか例示をしてから、ノートに書かせる。三つ以上書けた子に、黒板に書いてもらう。

・武田先生は、やさしい。
・武田先生は、おもしろい。
・武田先生は、すばやい。
・武田先生は、そそっかしい。
・武田先生は、あぶない。……

板書された文を、みんなで読む。笑い声が溢れる。様子を表す語彙を、楽しく増やすことができる。

> **先生の気持ちを表す言葉を、続けて書きます。**

・武田先生は、うれしい。
・武田先生は、楽しい。

・武田先生は、かなしい。
・武田先生は、こわい。
・武田先生は、くるしい。……

同様にして、気持ちを表す語彙を、楽しく増やすことができる。

光村（二年以上）は、巻末「ことばのたからばこ」に、多くの語彙が集録されている。活用したい。

## 3 〇つ書けたら〇年生

書くことで語彙を増やすために、通過しなければならないのは、量である。たくさん書けた、という経験が必要だ。

教室中が熱中して書く有名な指示がある。

「〇つ書けたら、〇年生」だ。

教育技術の法則化運動で開発された指示だ。

「思ったこと、考えたこと、はてな（疑問点）を書きます。一つ書けたら、一年生。二つ書けたら、二年生。三つ書けたら、三年生です。」

「感想を書きます。一行書けたら、一年生。二行書けたら二年生。三行書けたら、三年生です。」

それ以上は、言わなくてもよい。子供たちから必ず次の質問が出る。

「先生！　四つ書けたら、どうなるんですか？」

「そんなすごい人は、いないと思いますけど、四年生ですね。」

六年生、中学生、高校生、大学生まで現れる。教室は、熱中状態となる。

## 4 音読、視写、直写、聴写

語彙を増やしても、文の中で使えなければ、語彙力が高まったとは言えない。量と質、両方から充実させていく必要がある。

知った語彙を文章中で使えるようにしていくためには、質の高い文を読んだり書いたりする機会を設けることが有効である。

それぞれの作文形式で書かせる際には、習った漢字や教科書の巻末の「語彙」（光村「ことばのたからばこ」）を意識して、使わせていく。

書く単元においても、行いたいのが、音読だ。

教科書には、モデルとなる作文が掲載されている。

**語彙指導の改善・充実　3つのキーワード**

　語彙を豊かにするとは、自分の語彙を量と質の両面から充実させることである。具体的には、意味を理解している語句の数を増やすだけでなく、話や文章の中で使いこなせる語句を増やすとともに、語句と語句の関係、語句の構成や変化などへの理解を通して、語句の意味や使い方に対する認識を深め、語彙の質を高めることである。
（学習指導要領解説　国語編　P.8）

**①量と質 ②話や文章の中 ③意味や使い方の認識**

「読むこと」の教材と同じように、追い読み、交代読み、一斉読み等で、モデル文の音読をする。毎時間、授業の冒頭で行うと、より効果的だ。単元の中で身に付けるべき文章の型を習得することもできる。

視写も、語彙や文章の型を習得するために、ぜひとも行いたい活動だ。原稿用紙を使うことがお勧めである。印刷の手間がないし、段落の一字下げや、かぎ括弧の使い方を指導することができる。

視写が難しい子がいる場合は、文章をなぞらせる直写をさせることも考えられる。教科書ページが使える場合は、印刷機の印字モードを薄く設定し、拡大印刷すれば、そのまま直写教材となる。

より高度な活動として、教師が話した内容を聞き取って書く聴写もある。

「ぼくは、（てん）ドッジボールで強い（漢字）ボールをとれるようになったことが、（てん）心に（漢字）のこっています。（まる）」

教師がゆっくり話したことを、そのまま書かせる。音読や視写等を通して、語彙の認識を深め、質を高めていくことができる。

## 5 推敲チェックカード

多くの書く単元で設定されているのが、「読みかえそう」「見なおそう」である。学習指導要領解説で示されている書くことの学習過程の「推敲」に当たる。

漠然と読まないように、推敲の活動では、チェックシートを用意するとよい。自分と友達のチェック欄を設ける（原実践は、谷和樹氏）。

推敲の観点は、教材によって異なる。教科書にある指導項目を入れる。

「おもちゃの作り方をせつめいしよう」（光村・二年）の例を示す。

**おもちゃの作り方　すいこうシート**

名前

| №. | チェックすること | 自分 | 友達 | 友達 |
|---|---|---|---|---|
| ① | じゅんじょが分かることばが あるか。 | | | |
| ② | 分かりやすいじゅんじょか。 | | | |
| ③ | つかっていることばは、分かりやすいか。 | | | |
| ④ | 絵は、文しょうと合っているか。 | | | |
| ⑤ | 文にまちがいはないか。 | | | |

～音読をして、たしかめよう～　　○よい　△直した方がよい

## 6 お手本に触れる多様な機会

教科書に掲載されているモデル文だけでなく、学級の子供たちが書いた文章を、お手本として提示することも、語彙力を高めるうえで有効である。

- ・ノートのコピーを配付する
- ・学級通信へ掲載する
- ・教室内に掲示する

身近な仲間が書いた文章だからこそ、子供たちへのインパクトも強い。

近年は、ICTがお手本を提示する手段として加わった。

「○○さんのノートをロイロノートで送ります。ノートのよさを、見つけてごらんなさい。」

マーカー機能を使い、よさを見つけ合った。

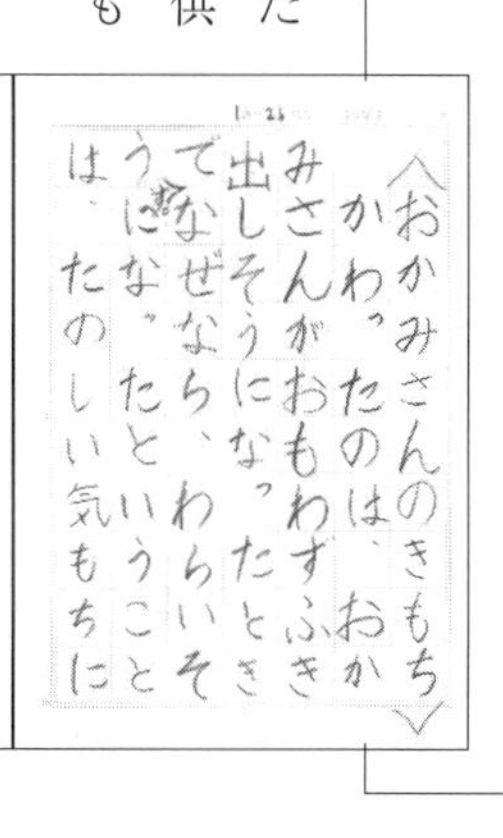

「音や様子を
あらわす言葉」

【知識・技能 ⑶言語文化】

# 低学年「言語」単元で「語彙力」を高める指導

## 語彙を増やすとともに文作りで活用させる

▼三浦宏和

### 1『音や様子をあらわす言葉』(教育出版二年下)

この単元のゴールは、擬声語や擬態語のはたらきなどを理解し、文の中で使うことができることである。そのために、次のように展開した。

一 音や様子を表す言葉の意味を知る
二 「○○○○わたる」をたくさん考えさせる
三 音や様子を表す言葉を使って文作りをする
四 さらに他の語彙を増やす

それぞれについて解説する。

### 2 音や様子を表す言葉の意味を知る

教科書のイラストをパワーポイントで提示し、次のように発問した。

**窓が鳴る。**
**どんなふうに鳴ったのでしょう(カタカタ)。**

「窓がカタカタ鳴る。このようなカタカタといった言葉を音や様子を表す言葉といいます。言ってごらん。」

**窓がガタガタ鳴る。今度はガタガタ鳴る。**
**カタカタとガタガタではどんな違いがありますか。**

「音だけでなく、大きいと小さい、風が強いと弱い、激しいと小刻みなど様子が違うこともわかりますね。このような言葉を『□や様子を表す言葉』何といいましたか(音や様子を表す言葉)」

小さい　こきざみ
まどがカタカタ鳴る。
まどがガタガタ鳴る。
大きい　はげしい

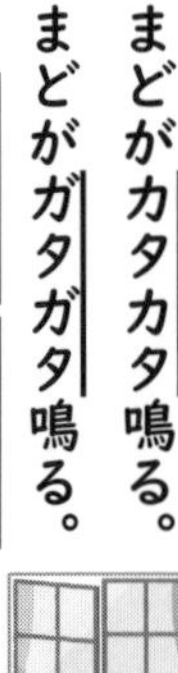

続いて、うさぎの跳んでいるイラストを見せて、

> うさぎが跳ねた。どのように跳ねたのでしょう。
> ・うさぎがぴょんと跳ねた。
> ・うさぎがぴょんぴょんと跳ねた。
> どんなふうに違いますか（ぴょんだとちょっとだけど、ぴょんぴょんだとたくさん跳んだ感じがする）。

「何回も跳んでいる感じがしますね。こういうのを『音や□□を表す言葉』何を表す言葉というのですか（様子）。」

このように、音や様子を表す言葉がある、ということを確認する。他には、「犬がワンワンとなく。」のように、動物の鳴き声のようなわかりやすいものから導入することも有効だ。

また、「どんどん」のように、音（扉を叩く音）と様子（次々と）の両方を表す言葉があることを扱うのも面白い。

### 3 「〇〇〇〇わたる」をたくさん考えさせる

音や様子を表す言葉が「いっぽんばしわたる」という絵本にたくさん出ている。この絵本を利用して、いくつか「〇〇〇〇わたる」という言葉を考えさせた。

パワーポイントで絵本を見せながら、何がどのようにわたるかの部分は□で隠した。

最初は教科書にもあった「うさぎが□わたる」。□には、ぴょんやぴょんぴょんが入る。これは子供も考えやすく、すぐに出てくる。次に違う様子の動物を見せる。

> たぬきが渡る。どんなふうに渡っているかな。絵本ではぼんやり渡っているけれど、他にもいろいろ考えられそうですね。どんな言葉が入りそうですか。

・たぬきが□わたる（のろのろ、のんびり、だらだらなど、子供が発言したものをすべて認める）。

「そういうのを音や様子を表す言葉というのでしたね」と確認し、同様に続ける。

たぬきが□わたる

> ・ありが□わたる。
> ・らいおんが□わたる。

ここで大切なのは、絵本の言葉を当てさせることではなく、子供たちから出てきたものをほめて認め、たくさんの音や様子を表す言葉を考えさせ、発表させることである。

### ❹音や様子を表す言葉を使って文作りをする

語彙を増やしても、文の中で使えなければ、語彙力が高まったとは言えない。量と質、両方から充実させていく必要がある。

**すたすた、てくてく、とぼとぼ、よちよちといった言葉は何をする時の音や様子を表す言葉でしょうか。**
**(歩く時)**

**歩く様子を表す言葉に、「誰が」「どんなふうに」歩くのかを付け加えて、文を作ってみましょう。**

例えば、
・かっこいい三浦先生がすたすた歩く。
・酔っぱらった三浦先生がよたよた歩く。

といった例を出すと、笑い声が溢れる。

**・さんぽする校長先生がよたよた歩く。**

「これでいい?」と子供たちに聞くと何かおかしいと気づく。「疲れても酔ってもいないのによたよたはおかしいよね。何が入る?」と聞くと「すたすた」「てくてく」などの意見が返ってくる。子供に一度考えさせたうえで、

**だれかが歩くのを音やようすをあらわす言葉で表しましょう。**

三浦先生
美人の先生
校長先生
おじいさん
赤ちゃん
よったお父さん
おなかがすいた犬
さいふをなくした人
おこったお母さん

よちよち　てくてく　とぼとぼ　すたすた　ずんずん　よろよろ　おろおろ

**さんぽする校長先生がてくてく歩く。**

**・さんぽする校長先生がてくてく歩く。**

「こっちのほうが合っている感じがしますね」と提示した方が、子供たちに適切な言葉を選ぶ意識をもたせることができる。

## 5 さらに他の語彙を増やす

さらに多くの音や様子を表す言葉に触れさせていきたい。

**ひらひら、ふわふわ、ブンブンといったら、どんな音や様子でしょうか（飛んでいる）。**

**ほかにも、飛んでいる音や様子を表す言葉を「□とぶ」とノートに書いてみましょう。**

時間があれば、子供たちから出たオノマトペで、先程と同様に何が飛ぶのかを書かせてもいい。

教科書には、「ほかにもないか、探してみましょう」とある。子供の実態に応じて、はじめは、「食べる」「笑う」などのお題を教師から出してもいい。

集めたオノマトペを使って、子供たちに文作りをさせて、できた子から黒板に書かせて発表させていく。

ノートに書きましょう

□ とぶ

とぶ
ひらひら
バタバタ
ふわふわ
ブンブン

なかにはヘンテコな文章も出てくるだろうが、皆で検討しながら学んでいく楽しさがある。

「中央教育審議会答申」（平成28年）において、小学校低学年の学力差の大きな背景に語彙の量と質の違いがあり、小学校低学年の段階から、語彙を増やすことや語彙を生活の中で活用できるようにすることなどの重要性が指摘されている。

語彙を増やすとともに文作りをし、学級内で共有することを通して、活用能力も高めていきたい。

その際に役立つ本がいくつかある。

『ことばがいっぱい言葉図鑑②ようすのことば』（五味太郎）偕成社
『日本語オノマトペ辞典』（小野正弘編）小学館
『日本語オノマトペのえほん』（高野紀子作）あすなろ書房

そのほか、オノマトペなど語彙に関する絵本が多数出版されている。ぜひ活用したい。

「ともだちをさがそう」

【思・判・表等 A話すこと・聞くこと】

# 話す・聞く単元の学習ガイド 教科書通りにできる言語活動

▼徳本孝士

## 1 ともだちをさがそう（光村）

### （1） 教科書の構造

二年生最初の「話す・聞く」単元である。遊園地にいる子を探すために、アナウンスを聞いたり、自分でアナウンスしたりする活動を行う。教科書の教材の最初に、学習の進め方（ガイド）が載っている。

たしかめよう
↓
がくしゅうのすすめ方
①絵を見て話す。
②話を聞くときにだいじなことをかんがえる。
③お知らせを聞いてさがす。
↓
ふりかえろう

この学習ガイドをそのまま使って授業を進めることができる。

### （2） 言語活動の具体例

**指示1**：学習の進め方（ガイド）を読みます。

「絵を見て話そう」と書いてあります。

**指示2**：教科書を先生について読みます。

「遊園地には、どんな人がいますか。その人のことがわかるように友達に話しましょう」

**指示3**：遊園地にどんな人がいるのか、隣の人に、話しましょう。

**発問1**：教科書に「話を聞くときに大事なことを考えよう」と書いてあります。迷子のお知らせを聞くときには、どんなことに気をつけるとよいでしょうか。

教科書には、女の子の吹き出しにヒントが載っている。「きている服」や「持っているもの」がわかると探せることに気付かせる。

**指示4**：教科書に「お知らせを聞いてさがそう」と書いてあります。迷子のお知らせを聞いて、どこにいるのか絵を探します。
わかったら、その子の上に指を置きます。

教科書には、迷子のお知らせの文があるので、教師が読んでもいいし、教科書についているQRコードを読み取って、音声で流すこともできる。

**指示5**：今度は、みんなに迷子のお知らせを考えてもらいます。お知らせをする子を一人、絵の中から選んで、丸をつけましょう。

**指示6**：選んだ人の迷子のお知らせを考えます。

**指示7**：お知らせを発表する練習をします。

**指示8**：お隣の人に迷子のお知らせをしてみます。
隣の人は、わかったら、指を置いてごらん。

**指示9**：感想を発表しましょう。

### (3) ふりかえり

教科書のガイドページにある「たいせつ」と「ふりかえろう」を子供たちと読むことで、この単元で押さえておくべき学習事項を確認することができる。

この単元は、「ウォーリーを探せ」や「ミッケ！」に似ている楽しいページなので、子供たちは夢中になって取り組む。

紹介した展開以外にも、最初に、教師が迷子のお知らせをして全体で確認した後、何人かの子供たちに迷子のお知らせをさせて、見つけるという展開もあり得る。わかりにくい場合は、「どうしてわかりにくいのでしょうか」と子供たちに問うことも考えられる。

「おにごっこ」

## 【思・判・表等 C読むこと】低学年「読む」単元の「学習ガイド」ページの見方・考え方
### ～単元の目標をつかみ、学習過程を読み解く～

▼三浦宏和

### 1 国語でも系統性を意識する

国語は算数に比べると、系統性が漠然としている。それぞれの学年で身に付けるべき系統性を意識して、指導者が学習を進めることは重要である。現在の教科書にはその系統性を意識した記述がある。

光村図書の教科書であれば、単元のはじめに「～までのまなびをたしかめよう」とあり、これまで学んできたことの内容が書いてある。このことを振り返りながら学習を進めることで、系統性のある国語学習に近づけることができる。

説明的な文章で教えることは、一、二年生は順序。三、四年生は考えと理由。五、六年生は文章全体の構成。物語文であれば、一、二年生は「誰が何をした、どのような事を言った」など登場人物の行動を基に、内容の大体をとらえることである。三、四年生は、「登場人物の気持ち」を、五、六年生は「登場人物の相互関係や心情」を扱う。

子供たちにこのような力を積みあげていくことが大事である。

### 2 付けたい力を意識した教材研究

教材研究では、単元名をまず見る。この単元では、どのような国語の力を子供たちに付けるのかを単元全体で見なければならない。教材名だけを追っているだけでは、付けたい力が見えてこない。

現行の学習指導要領で、「読む」は、以前と違って、単独で評価の対象になるのではなく、「思考・判断・表現」等の下位構造に位置する。

それぞれの単元で付けたい力が教科書の「学習ガイド」のページで示されている。

### 3 ステップを踏んだ発問や指示

光村二年生の説明文「おにごっこ」を例にしてみる。

説明文を読む際は、筆者の言いたいことを正確にとらえる力が必要である。

「学習ガイド」には、

**この文章は、何について説明しているのか、たしかめましょう。**

とある。さらに「説明する文章では、始めの方に、何について説明しているのかが、書かれていることがよくあります」とあり、どこの部分を読めばいいかも、示してあり丁寧だ。

しかし、授業をするには、ステップを踏む必要がある。

まず冒頭の四行を読ませた後、こう発問する。

**この文章で大事な言葉（キーワード）は何でしょう。**

ここでは、二つのキーワードを出させる。

第一のキーワードは「おにごっこ」である。

第二のキーワードは「あそび方」である。

次に「あそび方」とついている言葉に線を引かせる。「さまざまなあそび方」「どんなあそび方」「そのようなあそび方」の三か所。そして、問いの文を探す。

**読んでいる人に質問をしている文はどれですか。**

ここに線を引かせることで、「おにごっこのあそび方」について書かれた文章であり、どのようなことを読み取ればいいか見えてくる。

ノートには次のように書かせる。

> **何について書かれた文章か。**
> **おにごっこのあそび方**
> **問いの文**
> **①どんなあそび方があるのでしょう。**
> **②なぜ、そのようなあそび方をするのでしょう。**

いずれにしても、「学習ガイド」を読めば、中心となる発問例や展開例が示されている。そういう面では、ある意味で教科書自体が指導書化されたページともとらえることができるかもしれない。

「こんなもの、見つけたよ」

【思・判・表等 B書くこと】

# 低学年「書く」単元の「学習ガイド」ページの見方・考え方
## ～見抜くヒントは、学習指導要領～

▼武田晃治

### ❶ 学習ガイドページの構造を見抜く

新教科書では、学習過程が明確化されている。書くことの学習を、どのように進めたらよいのか。子供も教師も迷わないように、ガイドがある。

「こんなもの、見つけたよ」（二年・光村）には、学習の進め方として、次のガイドが記載されている。

> **がくしゅうの　すすめ方**
> **1　見つけた　ものを　書きとめる。**
> **2　組み立てを　考える。**
> **3　書いて、読みかえす。**
> **4　みんなで　読んで、かんそうを　つたえる。**

「学習ガイド」の構造を見抜くためには、学習指導要領解説にある「書くこと」の学習過程を知っておかなければならない。どの教材・単元も、これがベースとなって、ガイドされている。

この流れを頭に入れておけば、全ての書くこと単元における「学習ガイド」の構造が見えてくる。低学年だけなく、高学年も同じだ。

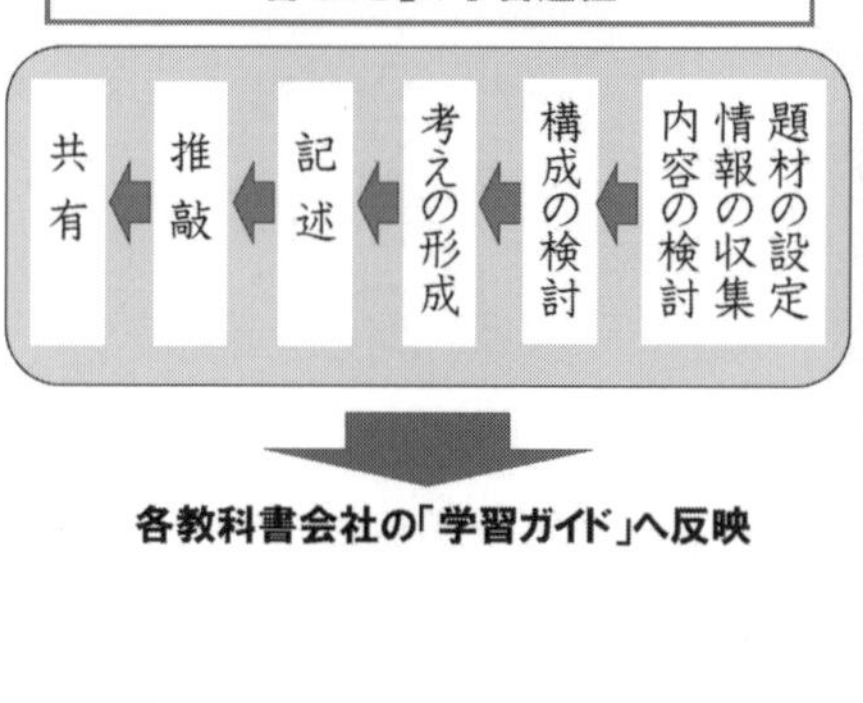

**学習指導要領解説に示されている「書くこと」の学習過程**

題材の設定 情報の収集 内容の検討 → 構成の検討 → 考えの形成 → 記述 → 推敲 → 共有

↓

**各教科書会社の「学習ガイド」へ反映**

### ❷ 指導の肝を見抜くキーワード⑦

教科書は、各学年の系統を考えながら、単元・教材配列をし、指導内容を配置している。教師は、指導内容のキーワードを知っていることが重要だ。

そのキーワードは、学習指導要領にある。七つのキーワード（次ページ下図）を頭に入れて、教科書のまとめページを読むと、指導の肝や系統性が見えてくる。

二年生（光村）「書くこと」単元の「たいせつ」に書か

れていることを列挙すると、次のようになる。

**【四月】きょうのできごと**（経験したことや想像したこと）
したこと　見たこと　見つけたもの
言ったこと　聞いたこと　思ったこと

**【五月】かんさつ名人になろう**（事柄の順序）
見たり、さわったり、においをかいだりして、ていねいにかんさつする。かんさつしたことを、くわしく書く。

**【六月】こんなもの、見つけたよ**（簡単な構成）
「はじめ」に、何を知らせたいかを書く。「中」に、知らせたいことを、くわしく書く。「おわり」に、まとめのことばを書く。

**【十一月】おもちゃの作り方を説明しよう**（事柄の順序）
文しょうの組み立てと、せつめいのじゅんじょを考える。じゅんじょが分かることばをつかって書く。

**【十二月】お話のさくしゃになろう**（簡単な構成）
「はじめ」「中」「おわり」のまとまりに分けて書く。だれが何をしたのかが、よく分かるように書く。ようすが分かるように、ことばをえらんでつかう。

**【二月】見たこと、かんじたこと**（経験したことや想像したこと）
見たこと、聞いたこと、さわったもの、食べたもの、やってみたこと、そのときにかんじたこと

**【三月】すてきなところをつたえよう**（内容のまとまり）
ないようごとに、まとまりを作る。書いた文しょうを読みかえして、まちがいがないかをたしかめる。

大事な学習内容が、螺旋的・反復的に、繰り返しながら学習できるように編集されていることが分かる。

**低学年「書くこと」単元**
**7つのキーワード**

① 経験したことや想像したこと
② 事柄の順序
③ 簡単な構成
④ 内容のまとまり
⑤ 文章を読み返す習慣
⑥ 語と語や文と文との続き方
⑦ よいところを見付ける

「かん字のひろば」

【知識・技能 (1)言葉の特徴や使い方に関する事項】

# 低学年「言語」単元の「学習ガイド」ページの見方・考え方

## ～文や文章の中で漢字を使い、語彙力を高める～

▼篠崎栄太

### 二年「かん字のひろば」(光村図書)

#### (1)「言語」単元とは

ここでいう「言語」単元とは、目次の「ことば」にあるものが該当する。

「学習ガイド」のような記載はない。大きな単元と単元との間で定期的に言葉について学習する。

その中でも「かん字のひろば」は、年間を通して五回も登場する単元である。

主なねらいは、

**第一学年に配当されている漢字を書き、文や文章の中で使うことができる**

ことである。

#### (2) 授業の実際

**指で押さえながら漢字を読みます。**

一年生で習った漢字なので読むことができる。念のため教師のあとについて読ませてもよい。テンポよく次々に読んでいく。

**絵の中の漢字を使って、主語と述語のつながりに気をつけて、公園のようすを書きましょう。**

ページによって「主語と述語のつながりに気をつけて」のような条件がつくことがある。

この条件にきちんと正対させたい。

**「主語と述語に気をつけて」とあるので、『○○が～する。』『○○は～だ。』という形で書きます。**

ノートに書けた子から、黒板に書かせる。

そして、子供が書いた文を「採点」していく。

採点基準は次の通り。

1 絵の中の漢字を使っている。（3点）
2 主語と述語がつながっている。（3点）
3 公園のようすを書いている。（3点）
4 文の終わりに句点がついている。（1点）

合計で十点満点になる。

基準は教師がその場で明確に示し、厳しめにつけると盛り上がる。

子供は十点満点を取ろうと、さらに文を書く。

主語がなければ当然減点だ。

書けない子には、黒板に書いてあるものを参考にしてもよいことを伝える。それでも難しければ、満点のものを写させる。

ここまでできたら、今度は使う漢字の数を増やす。ボーナスで3点加えてやる。

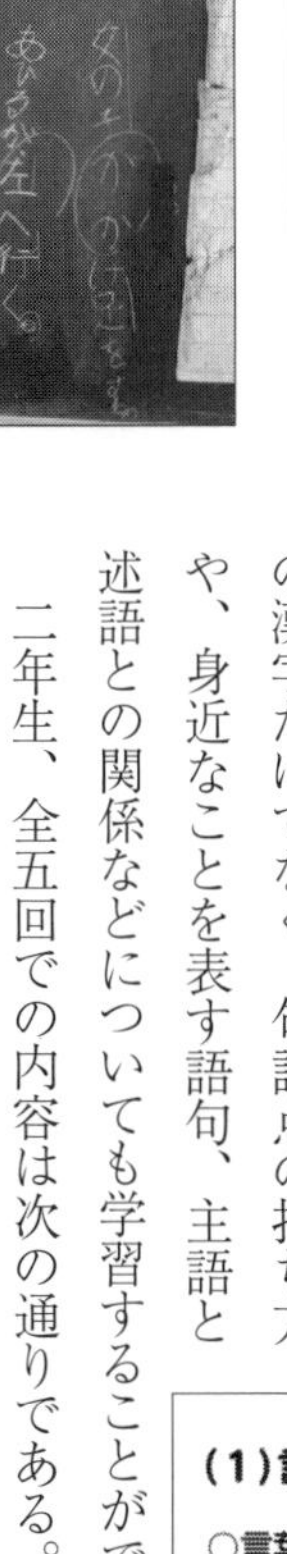

## (3) 指導要領での整理、系統

「言語」単元では、国語科の内容のうち「知識及び技能」の「(1) 言葉の特徴や使い方に関する事項」を扱う（下図）。

「かん字のひろば」では、前学年の漢字だけでなく、句読点の打ち方や、身近なことを表す語句、主語と述語との関係などについても学習することができる。

二年生、全五回での内容は次の通りである。

**(1) 言葉の特徴や使い方に関する事項**

| | |
|---|---|
| ○言葉の働き | ○話し言葉と書き言葉 |
| ○漢字 | ○語彙 |
| ○文や文章 | ○言葉遣い |
| ○表現の技法 | ○音読，朗読 |

1 絵の中の言葉を使って、文を作りましょう。
文の終わりには、丸（。）をつけましょう。
2 絵の中の言葉を使って、一週間の出来事を、日記を書くように書きましょう。
3 絵の中の学校のようすを書きましょう。
「は」や「を」を正しく使いましょう。
4 数を表す言葉を使って、算数の問題を作りましょう。
5 主語と述語のつながりに気をつけて、公園のようすを書きましょう。

「うみのかくれんぼ」

# 基礎学力づくりのアプリ紹介とトレーニング 一年国語教科書の具体例

【知識・理解 ⑴言葉の特徴と使い方】
【思・判・表等 C読むこと】

▼岡 孝直

## 1 身に付けさせたい基礎学力

基礎学力としてひらがな・漢字はもちろん身に付けさせたい。その他にも国語を教える際に大切にしている基礎的な力がある。

1 国語科で用いる基本的な語彙
2 文章から重要語句を見つける力
3 順序を考えて文を読む力
4 読書の習慣

## 2 国語科で用いる基本的な語彙

小学校で取り扱う国語科の語彙は多い。六年生までの教科書の中から洗い出してみる。言葉・記号に関する語彙だけでも表の通りであった。

文章に関するもの、物語文・説明文に関するものと含めていくと、さらに多くなる。

低学年のうちから多くの語彙に触れ、学習しておくことが、重要であると考える。

語彙を意識させる上でおすすめアプリ・トレーニングは「Google Forms」によるトレーニングである。

このトレーニングの効果的な点は、

| | 一年 上 | 下 | 二年 上 | 下 | 三年 上 | 下 | 四年 上 | 下 | 五年 | 六年 |
|---|---|---|---|---|---|---|---|---|---|---|
| 言葉・記号 | お話 | かぎ（「」） | 筆者 | 主語・述語 | 濁音・半濁音 | 修飾語 | 書名 | 熟語 | キーワード | 短冊 |
| | 文 | 二重かぎ（『』） | | 送り仮名 | 音と訓 | 奥付 | 部首 | 出典 | テーマ | 表表紙 |
| | まる（。） | てん（、） | | 外国から来た言葉 | 季語 | | 画数 | | 和語 | 裏表紙 |
| | 題名 | 文章 | | 外国の国，土地， | こそあど言葉 | | 成り立ち | | 漢語 | 著作権 |
| | 作者 | 訳者 | | | 符号 | | 総画 | | 外来語 | 万葉仮名 |
| | 絵 | | | | 句読点 | | 音訓索引 | | 題材 | |
| | 漢字 | | | | 中点 | | 部首索引 | | 読み手 | |
| | 小さい字 | | | | ダッシュ | | 初めの挨拶 | | メディア | |
| | 文章 | | | | 横書き | | 後付け | | 複合語 | |
| | | | | | 目次 | | 本文 | | 文末表現 | |
| | | | | | 索引 | | つなぎ言葉 | | 表意文字 | |
| | | | | | 連 | | 例文 | | 表音文字 | |
| | | | | | キャッチコピー | | 発行日・発行名 | | アルファベット | |
| | | | | | へんとつくり | | わりつけ | | | |
| | | | | | 住所 | | 見出し | | | |
| | | | | | 宛名 | | 取材 | | | |
| | | | | | | | 記事 | | | |

【光村図書1～6年】出てくる言葉・記号に関する語彙

1 （設定により）何度も解くことができる。
2 点数（基準）があるので分かりやすい。
3 どの子がどんな語彙を理解していないか、簡単に把握できる。

ゲームのような感覚で語彙の意味を理解させることができる。

「Google Forms」の作り方、回答の把握の仕方は以下のQRコードから。

## 3 文章から重要語句を見つける力

教授法創造研究所代表椿原正和氏は著書「学テ国語B問題」の中で「構造理解」をする作業を記されている。低学年から「作業」を通して、必要な文や語を見つける力をつけることは重要である。おすすめのアプリ・トレーニング方法は「Google Forms」と「Google スライド」を組み合わせて使ったトレーニングである。

**上の文章から答えを見つけてときなさい。**

いきなり市販のテストで「作業」を教えるのではなく、「Google Forms」でプレテストを行う。それぞれの問題に対して本文が一つ一つ対応しているので、情報が少なく理解しやすい。

**どこに〜が書いてありますか、指をさしてごらん。もんだいと、両方ぐるっと指で○（丸）しなさい。指でむすんでごらん。**

と画面の上に指で操作させる。

**これを「作業」と言います。言ってごらん。**

何度も唱えさせ、「作業」することを意識させる。「Google Forms」で作業を教えておくことで、市販のテストで作業させたときにも、スムーズに理解ができる。しかし、「作業」する活動をすぐに理解できない子供もいる。そんなときに有効的なのが、「Google スライド」でヒントを見られるようにすることだ。

**難しい人はヒントのボタンを押してごらん。出てきた○と○をなぞりなさい。線で結ばれています。なぞってごらん。これを何と言いますか（作業）。**

と、ヒントを見ながら「作業」を体験できるようにする。

「Google Forms」「Googleスライド」を組み合わせたシートの作り方はこちら→

1ばめんは　どんな「ばん」のおはなしですか。＊　1ポイント

いたずらを　しました
そこで、きこりは
わなを　しかけました
ある　月の　きれい
ばんの　こと、
おかみさんは、糸車を
まわして、糸を　つむ
いました。
キーカラカラ　キー
キークルクル　キー

○ くもっている「ばん」
○ あめが ふっている「ばん」
○ つきの きれいな「ばん」

## 4 順序を考えて文を読む力

低学年の説明文は、特に順序を意識して書かれた文章が多い。光村・一年「うみのかくれんぼ」もその一つである。「何が」、「どこに」、「どのように」の順に書かれている。

一年生で指導するときのポイントは、

**とにかく何度も「何が」、「どこに」、「どのように」と唱えさせ、着目させる**

ことだ。色分けをして囲んで、「何が」、「どこに」、「どのように」と唱えて着目させる。実際に並べてみて着目させる。何度も繰り返すことで理解度を高めていく。

おすすめのアプリ・トレーニング方法は「Google Jamboard」を使ったトレーニングである。教科書の文章をスキャンして、切り取り、「Jamboard」に画像として貼り付けておく。その際に「背景」にして固定をしておけば子供は動かすことができない。また文章は「PowerPoint」で作成し、図として保存しておくとよい。「Jamboard」では本来、縦書きをすることはできないが、「PowerPoint」で作成することによって、色をつけたり、子供にも縦書きで示すことが可能である。教科書に線を引く際と同じ色にしてさらにわかりやすくなる。

実際に配布し、

**指で順番に並べ変えてごらん。**

と言って正しい順番に入れ替える。「Jamboard」の効果的なところは、次々にページを作成することができ、作業できることである。また、「Google Classroom」を使って何度も配布し、何度も作業を繰り返す中で構成の仕方の理解を深めていくことができる。

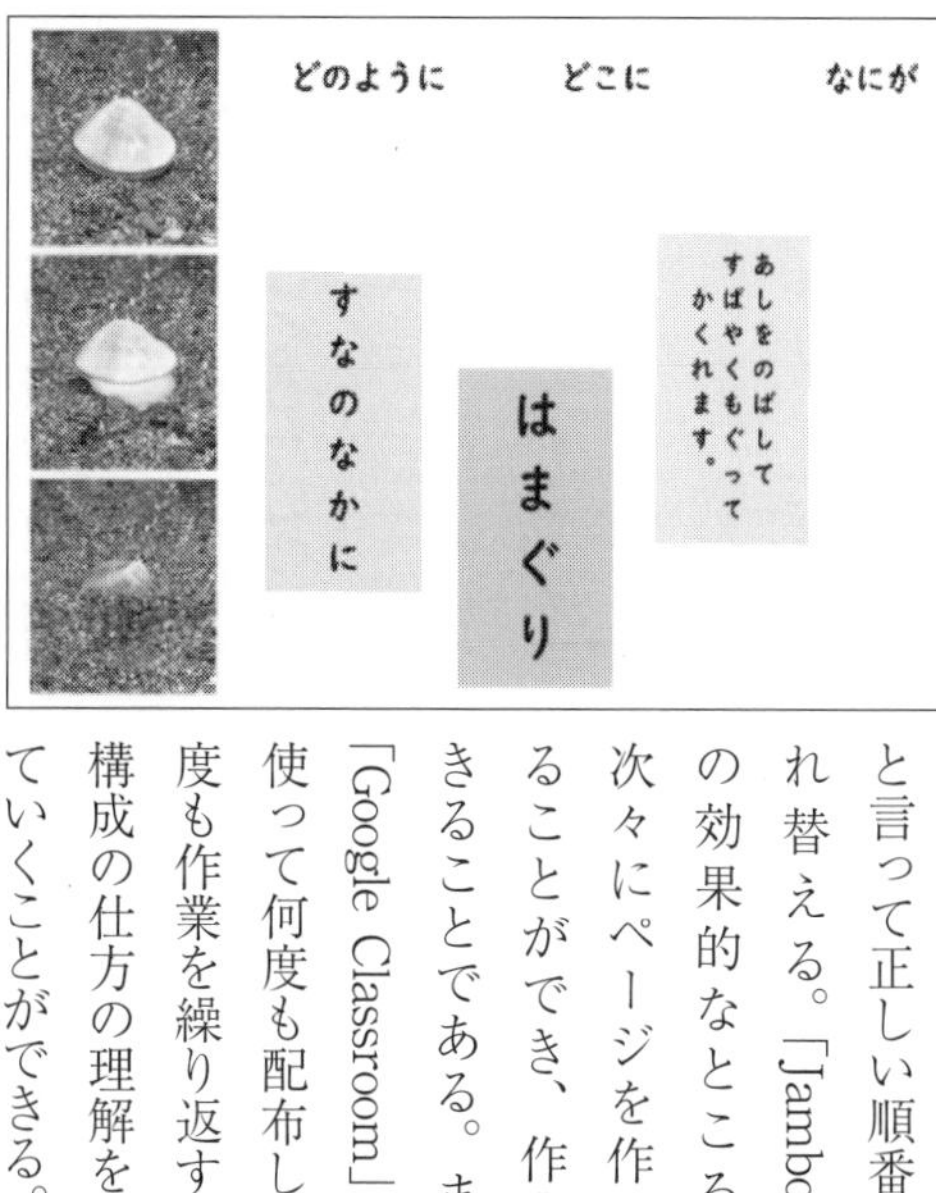


## 5 読書の習慣

国語科の基礎学力の中で欠かせないのが「読書の量」である。本をよく読む子供と、まったく読まない子供では、使う語彙の多さに差が出る。低学年のうちから「読書」に興味を持たせ、子供の読書量を増やすことが重要である。

おすすめのアプリ・トレーニング方法は、「Google ドライブ」や「Google Jamboard」を使ったトレーニングである。

**①写真を撮って読んだ本を見える化する**
**②おすすめページを撮り、紹介し合う**

読んだ本を「Google ドライブ」に入れることで、どんな本を何冊読んだのか、自分で把握することができる。読書量が目に見える（基準）となることによって、より楽しく読書に取り組める。

また、読みたいと思った本に投票させるとさらに盛り上がる。班（四〜五人）で紹介をし合い、読んでみたいと思った本を一つあげる。一番多く選ばれた子供が班代表となる。班代表は今度は教室の前に立ち、おすすめの本を紹介する。どの本が一番読みたいと思われたのか。ベスト3を発表すると大盛り上がりである。一年生でも「またやりたい！」と声があがる。

「つたえたいことをきめて、はっぴょうしよう」「楽しかったよ、二年生」

# 【知識・技能】基礎学力づくりのアプリ紹介とトレーニング
## 二年国語教科書の具体例
## 緊張と反復で確かな力を

▼松田春喜

### 1 基礎をつくるための二つの条件

教えたつもりだけど、なかなか子供に定着していない。そんな思いを抱いた先生は多いのではないか。あるいは、その時はできたのに時間を置いたらできなくなる。そんな子供の姿を見た先生も多いはずだ。

何事においても、基礎と言われるものを身につけるには、二つの条件を満たす必要がある。

**〈緊張〉と〈反復〉**

緊張感のない反復は、粗雑さや学習への取り組みのいい加減さを生む。また、緊張場面だけあっても反復がなければ、確かな力にはならない。習慣化までには時間を要するものだ。

### 2 スピーチ指導（発声・発音）

#### （1）継続的に取り組み、成功体験で終える

光村図書こくご二下に『つたえたいことをきめて、はっぴょうしよう　楽しかったよ、二年生』がある。一年間のまとめとして位置付けられているものであるが、この単元だけで発表の仕方を教えていても、確かな力にはならない。一年間、計画的に取り組み、

**「この一年間で、みんな発表が上手になったね」**

と、全員に成功体験を味わわせたい。そのために、

**端末にスピーチ映像のログを貯めていく。**

ことが有効である。学習ログは端末活用の大きなメリットである。例えば、次のような取り組みを行う。

①二週に一度、年間を通してスピーチ映像を記録。
②時間は三十秒程度。
③テーマは、その時々で変える。
④教師や友達からアドバイスをもらう。
⑤前の映像より、良くすることを目標とする。

自分の映像を、自分で分析したり、先生や友達に見てもらったりして、より良いものにしていく。その過程も大切な学習である。

## （2）映像とアドバイスを蓄積する

活用するのはロイロノート・スクール。「スピーチれんしゅう」というノートを作成し、そこに順番に映像を蓄積していく。映像だけでなく、もらったアドバイスをシートにして記録しやすいので、便利なアプリである。

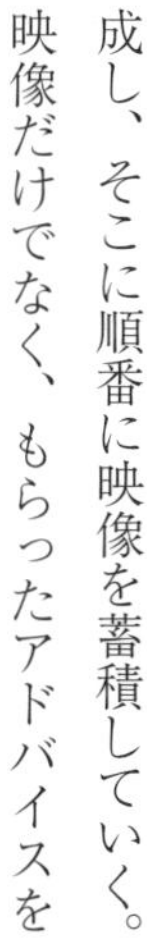


コロナ禍、マスクを外してのスピーチは難しいため家庭で撮影するように指示することもある。家庭だとちょっと緊張感に欠けるとも思われるが、

先生や友達が、撮影した映像を視聴する

という場があれば、緊張感をもって撮影する子が増えるだろう。

左の図は、ログのイメージである。映像だけでなくもらったアドバイスを、次のめあてとして記録する。

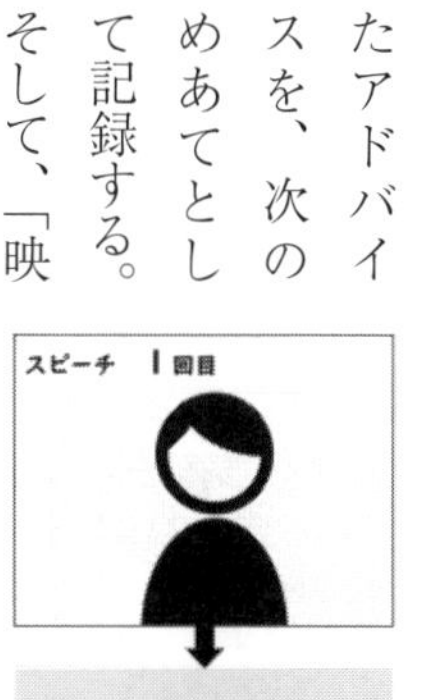


そして、「映像を撮る前に、練習した人は、練習回数も記録していこうね」と話しておくと、事前練習をがんばる子が出てくる。そういった「取り組み方」も、合わせて育てていきたい。

継続的な取り組み（反復）と、他者からの評価・アドバイスをもらう（緊張）。それを自分の成長が見える形で、記録していく。

## 3 漢字指導（語彙も含む）

端末がない時から、端末が入ってからの今も、漢字指導は〈向山型漢字指導法〉で進めている。

①指書き　②なぞり書き　③写し書き

この三つのステップを軸として、一週間をスパンとして取り組んでいる。この指導法は、脳科学に基づいた子供に力がつく指導法である。

端末が入ってからは、そこにプラスして次のことを目標とした指導を行っている。

## 漢字が「書ける」から、漢字が「使える」へ

漢字指導はテストで百点をとることを目的とはしない。自分が表現したい文章の中で、語彙として獲得された漢字を使うことができることを目指したい。

### (1)〈今週の漢字〉を使った例文づくり

学級では金曜日に、その週で学んだ漢字の十問テストを実施する。テスト・〇付け・やりなおしが終わった子から、次のことに取り組むようにしている。

**〈今週の漢字〉を使った例文づくり**

①船にのる。
②ふえを鳴らす。
③きげんが直る。
④こまを回す。

一文でよい。できれば主語・述語まできちんと書かせたいが、時間の制約もあるので短くともよしとしている。やり方の大枠を示す。

**①必ず、その週の漢字を入れる。**
**②一文の中に、複数の漢字を入れてもよい。**
**③ノートに書いて、端末で写真を撮る。**
**④今週の漢字を〇で囲む。**
**⑤提出し、自身のフォルダにも蓄積する。**

自分でつくる〈語彙辞典〉のようにしたい。データで蓄積しておけば整理も共有もしやすい。共有し、面白い例文や、異なる意味での使い方に学ばせたい。共有の場があるから緊張感も保てる。

### (2) ゲーム性を生かした〈楽しい反復〉

反復は大切なのだが、すぐに飽きてしまって、なかなか続かないというのが正直なところである。しかし、端末があればゲーム性を生かした〈楽しい反復〉が可能になる。様々なアプリが開発されている。

例えば「ゆびドリル」というアプリ。例文が出され、漢字を書いて〇×をつけてくれる。楽しみながら、学習

した漢字を思い出す機会をつくることができる便利なアプリである。隙間時間に活用していくのが、おすすめだ。

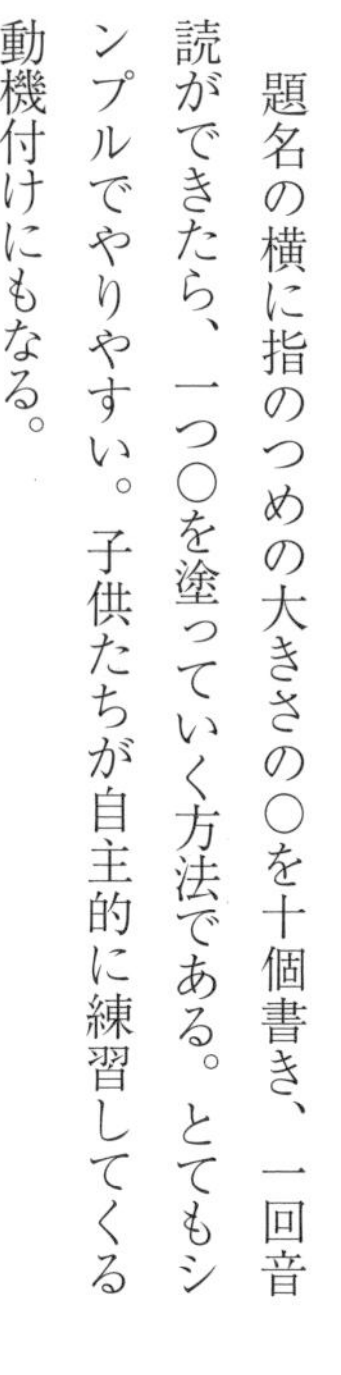


## 4 読みの指導

### (1) 音読指導

音読指導は授業で行う。ただ、自分で読む練習をしていける子にもなってほしい。向山洋一氏が考案した〈○十個〉の方法は有効である。

題名の横に指のつめの大きさの○を十個書き、一回音読ができたら、一つ○を塗っていく方法である。とてもシンプルでやりやすい。子供たちが自主的に練習してくる動機付けにもなる。

○十個の原理を生かし、一人一台端末を活用する方法について書く。これにはメタモジ・クラスルームというアプリを使う。

ページ下段にある図（シート）を端末に送る。これは、

**マイクボタンを押し、音読を録音する**

ことができる。

録音が済んだら、ボタンの色と模様が変わる仕組みである。もちろん、もっと練習したい子は、ボタンを増やすことができる。読んだことの確認にもなり、音読の変化を知るための道具にもなる。

すらすら音読れんしゅう
『お手紙』
1 2 3 4 5
6 7 8 9 10
もっと、がんばりたい人はボタンをふやそう！

授業における音読指導で、緊張場面や反復を保障しつつ、子供たちに努力の場と、成長を振り返る機会をつくっていくことで効果を高めたい。

### (2) 読み取りの一環としての「問題づくり」

すらすらと音読ができる。その上で、意味も理解できるようにさせたい。教材文を読み、子供たちに「国語の問題づくり」をさせるのもよい。端末があれば即座に共有できる。問題だけでなく答えもセットにさせることで、真剣に教材文に向かうようになる。教師が、子供の問題を評定したり、子供よりも鋭い発問を出したりするなど様々な活用の仕方がある。

「いろいろなふね」

【思・判・表等 C読むこと】

# 調べ学習のアプリ紹介とトレーニング
## 一年国語教科書の具体例

▼富樫僚一

### 1 東京書籍「いろいろなふね」

#### (1) 文章の構造を理解させる

東京書籍一年「いろいろなふね」の学習では、様々な種類の乗り物について調べて、カードにまとめるという学習活動が設定されている。

どのような文章を読む力が必要なのか。参考にすべきなのが教科書にある「ことばの力」だ。

「いろいろなふね」の「ことばの力」には、次のように書かれている。

> **せつめいの文しょうをよむときは、なににについてかかれているかかんがえながら、よみましょう。**

「いろいろなふね」には、特徴がある。

四種類の船の役目や構造、装備などについての説明が、次のような同じ文型でまとめられていることである。

> **①船の役目(やく目)**
> **②船の造り(つくり)**
> **③船のできること(できること)**

四つの船について、同じ文型で書かれている。このことによって、子供たちは、どこに何について書かれているのかを把握しやすくなっている。

「やく目」についての記述は赤、「つくり」は青、「できること」は緑というように、クーピーや色鉛筆を使って、文を囲ませたり、線を引かせたりすることによって、この構造が視覚的に捉えやすくなる。

| やく目 | つくり | できること |
|---|---|---|
| フェリーボートは、たくさんの 人と じどう車を いっしょに はこぶ ための ふねです。 | この ふねの 中には、きゃくしつや 車を とめて おく ところが あります。 | 人は、車を ふねに 入れてから、きゃくしつで 休みます。 |

## （2）カードに書き写す

左のようなカードを用意する。

教科書に書き込んだときと同じように、「やく目」「つくり」「できること」をそれぞれ、赤、青、緑、で対応するように囲むとよい。

子供は、色を見て、対応する文を見つけることができる。

その上、教師の指示も色を使うことで、簡明に示すことができる。

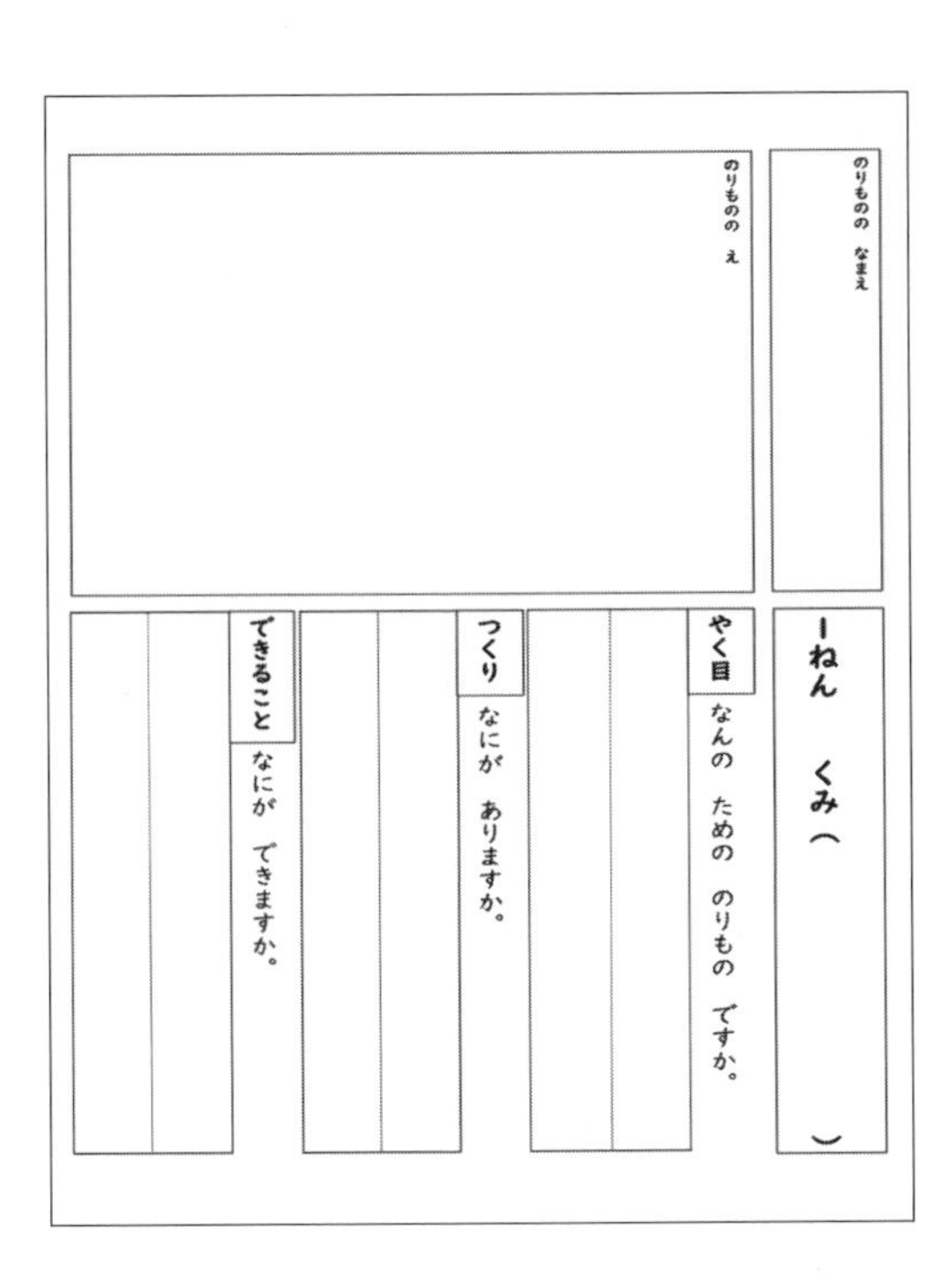


また、「～のために」などの語句に注目させることも大変重要である。

このような言葉を手掛かりとして、子供たちは、構造を理解していく。

カードに書き写す際には、やや工夫が必要である。

着目すべきは、文末表現だ。

教材文は、敬体で書かれているが、カードには常体でまとめる。

フェリーボートの「つくり」に注目してみよう。

> **「きゃくしつや車をとめておくところがあります。」という文を文の最後を変えて、少しだけ短くします。**

子供たちには、このように指示をした。

口頭で考えを言わせた後、用意しておいたカードの拡大図に書き込んでいく。「きゃくしつや車をとめておくところがある。」となる。

ここまで、二つのことを学習した。

（1）何について書かれている文章か考えながら読むこと
（2）調べたことを書き写すときには、常体に直す

これらのことは、調べ学習をする上で大事なスキルである。

このようなスキルを、教科書教材を使用しながら、意図的にトレーニングしていく。

## 2「のりものずかんをつくろう」

### （1）図鑑の読み取りの難しさ

教材文での学習を終えた後、図鑑から調べたことをカードにまとめ、友達と読み合うという言語活動が用意されている。

そのために、様々な乗り物の図鑑を用意し、並行読書を進めてきた。

しかし、いくら図鑑に親しんだからといって、図鑑のどこに、何について書かれているのかを読み取ることは、子供たちにとって、「飛躍がある活動」であると感じた。

膨大な情報量がある図鑑から適切に情報を選び出すことは、低学年の子供にとって難しいということである。

### （2）一人一台端末の活用

この点において、私は二つの手立てを考えた。

一つ目は、教科書に掲載されていない乗り物について、教師が教科書と同じような文章構造でまとめた「せんせいずかん」を作成し、子供に提示するというものである。

子供は、「せんせいずかん」の中から興味のある乗り物を選び、「のりものカード」にまとめる。

教材文で行った手順と同様に進めることができるため、子供にとっても活動しやすい内容だと考える。

「せんせいずかん」はGoogleスライドを用いて作成し、子供のChromebookで自由に閲覧できるようにした。

それぞれのパソコンの画面の情報を手元のカードに手書きでまとめさせる。

左の画像は、実際に作成した「せんせいずかん」のイメージである。

「じどう車①」「じどう車②」「でん車」「ひこうき」の四つのカテゴリーがある。

それぞれのカテゴリーには、さらに四つの乗り物についての説明があるため、合計十六種類の乗り物から自由に

調べることが可能だ。

カテゴリーの文字にはリンクが貼り付けてある。クリックすると、左のようなページに移動することができる。

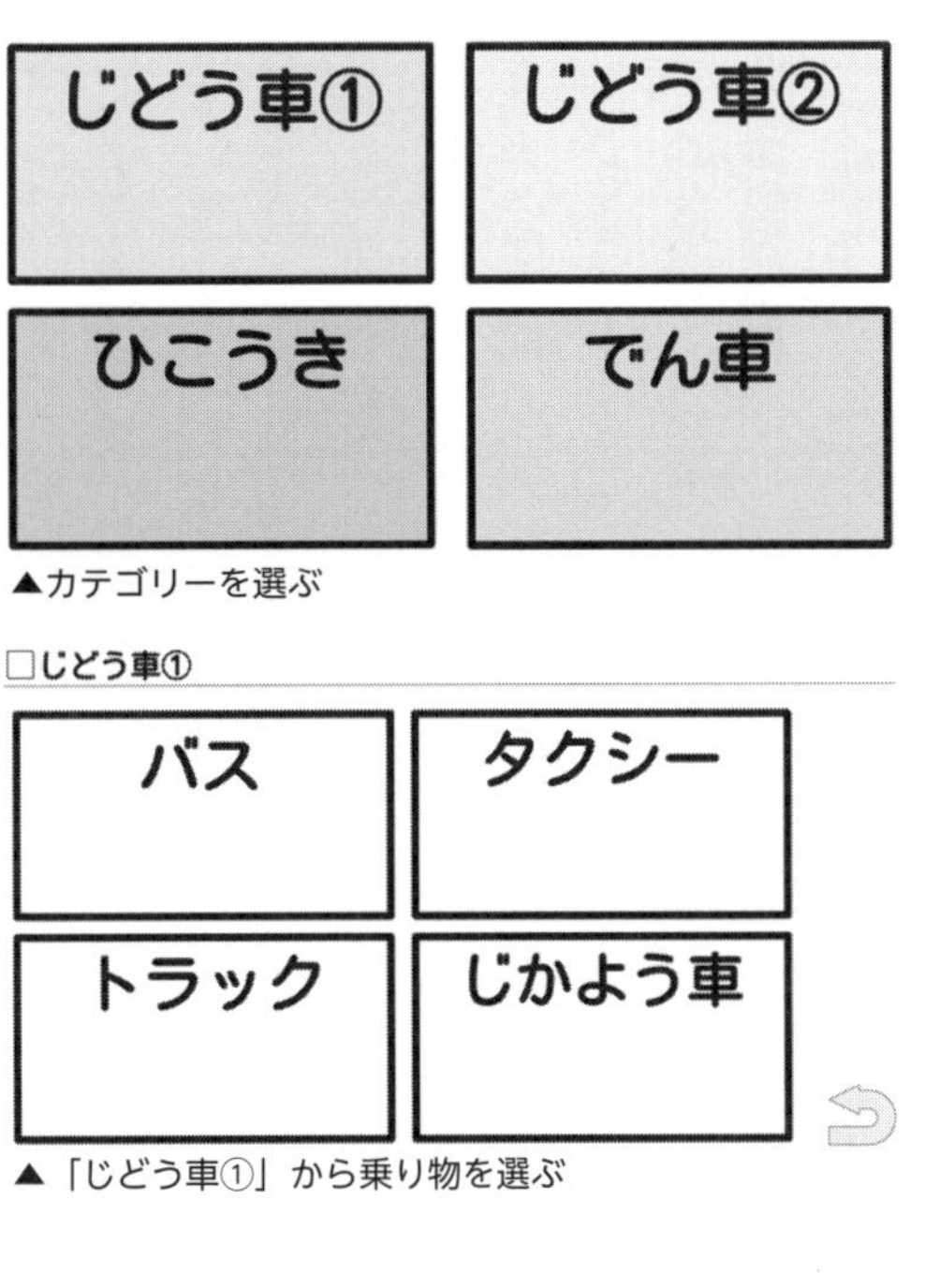


▲カテゴリーを選ぶ

▲「じどう車①」から乗り物を選ぶ

右下の矢印マークにもリンクを貼り付けてあり、クリックすると、元のカテゴリー選択ページに戻ることができる。「せんせいずかん」に教科書と同じように、色分けをした書き込みをする場合には、ジャムボードを使った。

図鑑の文章をスクリーンショットするのである。

一年生の子供たちでも、アプリ上で、教科書で学習したときと同じように、書き込みをすることができた。

子供たちの作成したカードは、学級の全員分を一冊の紙ファイルにまとめて閉じ、図書室に置いた。子供たちは、そのファイルを宝物のように見ていた。

光村図書掲載の「じどう車くらべ」や「どうぶつの赤ちゃん」でも同様に実践可能である。

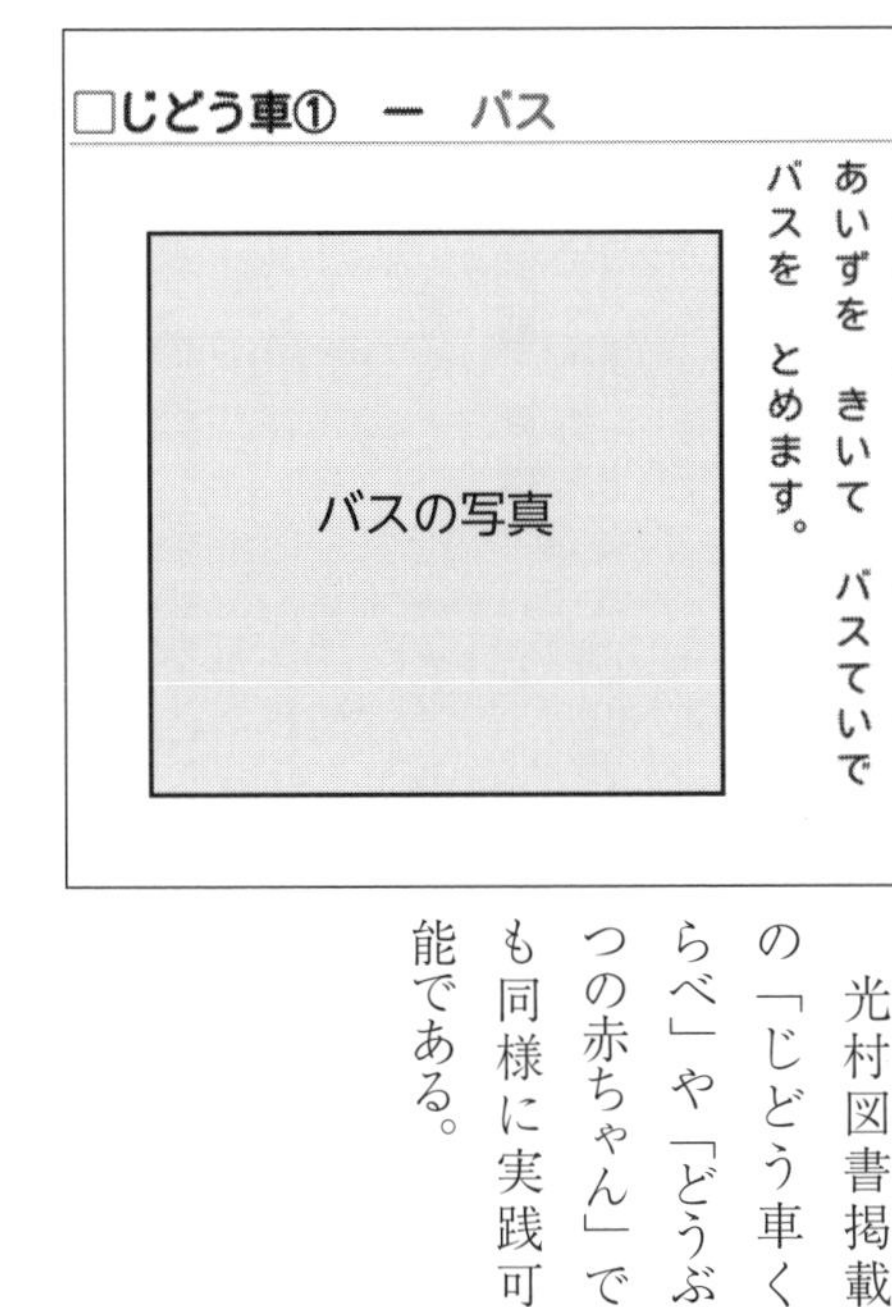

「おにごっこ」

【思・判・表等　C読むこと】

# 調べ学習のアプリ紹介とトレーニング

## 二年国語教科書の具体例

▼小島庸平

### (1) ICTの活用

光村二年「おにごっこ」では、読書の内容をメモする活動、遊びの紹介をする活動がある。次のICTを活用し効果的に指導することができる。

一　カメラ機能
二　Google ドライブ
三　Google スライド
四　実物投影機

### (2) 一時間目　学習課題の設定

まず学習の見通しをもたせる。

**この勉強の最後に、クラスのみんなに遊びを紹介します。多くの人に「いいな!」と思ってもらえた遊びをみんなでしましょう。**

その後、範読をし、段落番号を振らせる。

### (3) 二時間目　音読

内容理解のため、色々な方法で音読をする。

**追い読み、交代読み、リレー読みなど**

### (4) 三時間目　問いの文と対応する答え

三年生での説明文指導に繋げるためにも、「問い」と「答え」を見つける力を育てたい。

**一段落の中に、質問をしている文が二つあります。どれですか。文に指を置きます。**

いきなり線を引かせたりすると、間違えた場合、線を消したり、書き直させたりするのに時間がかかってしまう。まずは指を置かせて確認する。

**①どんなあそび方があるのでしょう。**
**②なぜ、そのようなあそび方をするのでしょう。**

**このように、読む人に対して質問している文を「問いの文」と言います。**

まず、①の問いから扱う。

**二段落には、どんな遊び方が書いてありますか。**

教科書には、「にげてはいけないところをきめるもの」と書かれているが、問いの文と正対させて答えさせたい。
ここでは、次のようになる。
一「にげてはいけないところをきめるあそび方」

**他の段落には、どんな遊び方がありますか。お隣さんと相談します。**

二「にげる人だけが入れるところを作ったり、つかまらないときをきめたりするあそび方」
三「おにが交代せずに、つかまった人が、みんなおにになっておいかけるあそび方」
四「おにがふえても、にげる人をつかまえにくくするあそび方」

続いて、②の問いを扱う。

**なぜ、これらのような遊び方をするのですか。お隣さんに説明してごらんなさい。**

ペアで説明させ、その後全体で確認する。
一「おには、にげる人をつかまえやすくなるから」
二「にげる人がかんたんにはつかまらないようになるから」「つかれた人も、走るのがにがてな人も、すぐにはつかまらずに、あそぶことができるから」
三「どきどきすることもふえて、おにごっこが、もっとおもしろくなるから」
四「力を合わせておいかけるという楽しさがくわわるから」「にげる人は、おにがふえるにつれて、つかまりにくくなるから」

このように発問し、問いの文に対応する答えの文を見つけさせていく。

**(5) 四時間目　遊びたい鬼ごっこを選び、工夫を考える**

**四つの鬼ごっこの中で、あなたが一番したい遊び方はどれですか。**

オープンエンドの発問である。自分の意見がもてればよい。

**一～四の鬼ごっこをもっとおもしろくする工夫はありますか。**

ペアやグループで考えさせてもよい。意見の多かった遊びを取り上げて遊びたい。

**(6) 五～六時間目　本を選び、読書をする**

一時間目に設定した学習課題を確認する。遊びについて書かれた本を読み、メモをさせる。一時間は、しっかり本を読ませ、どの遊びを紹介したいか決めさせるとよい。発表原稿を書かせるためには、このメモが重要である。メモの際、Google スライドを活用する。ワークシートではなく、スライドを活用する良さは次のようなことがある。

**一　書くことが苦手な子の負担軽減**
**二　修正が楽**
**三　メモを失くすことがない**

手書きの場合、修正する際にワークシートがぐちゃぐちゃになったり、紙が破れてしまったりすることがある。スライドを使うことでそういったことは無くなる。また私の経験上、ワークシートを紛失する子がいる。もう一度書かせたり、探したりと余計な時間がかからなくて済む。スライドの活用にあまり慣れていない学級の場合、次のような順で指導していくとよい。

**一　Google クラスルーム等でスライドを送信**
**二　スライドを開かせ、編集できるかを確認**
**三　入力の方法をやって見せる**
**四　項目ごとに教師が確認をする**

一～三まで、大型テレビやプロジェクターに投影しながら指導する。ここで重要なのが四である。全部できてから確認すると、対応に時間がかかる。そうすると、長蛇の列ができ余計なトラブルが発生するおそれがある。そのため、例えば次のように指示する。

**遊びの名前が入力できたら先生に見せにきます。**

このように、細切れに確認することで、長い列を作ることなく、対応ができる。

スライドは、縦書きの設定はできないが、フォントサイズと枠の幅を調整することで、縦書きのように使うことができる。作業の早い子は、いくつもの遊びを調べさせる。

### (7) 七〜八時間目　遊びの紹介の準備をする

メモをもとに、発表原稿を書かせる。先ほどと同様、それぞれの枠ごとに、書けた子から持って来させて確認する。そして、書けた子から発表の練習をさせる。

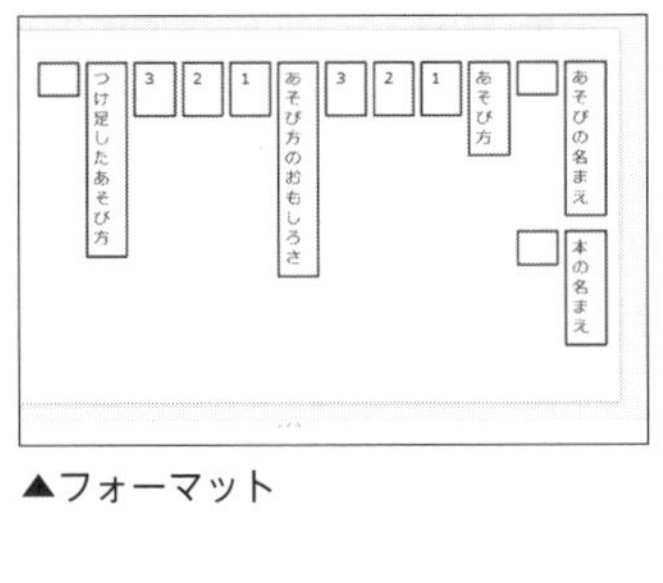


▲フォーマット

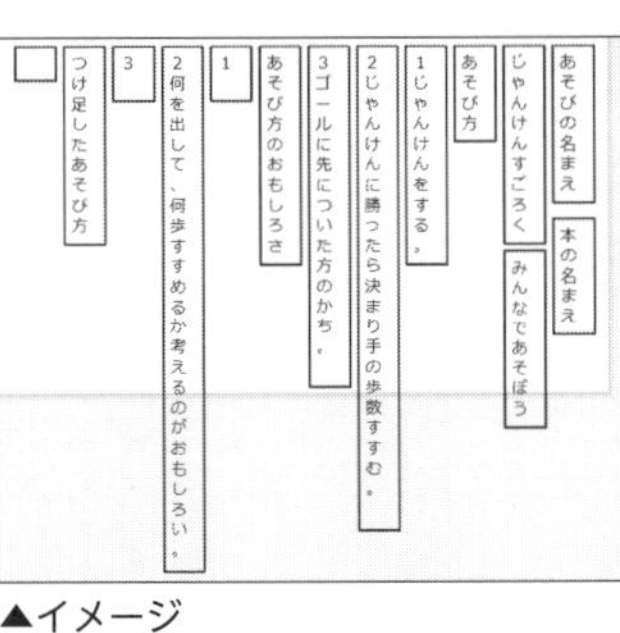


▲イメージ

### (8) 九時間目　遊びの紹介をする

遊びの紹介場面では、実物投影機かGoogleドライブを活用する。遊びが書かれた本にイラストや写真等が載っているだろう。自分の説明に対応したイラスト（写真）を選ばせる。実物投影機で本を映してもよいし、カメラで撮らせてドライブにアップさせるのもよい。イラスト（写真）と説明とを併せることで、より相手に伝わる方法を体感させることができる。

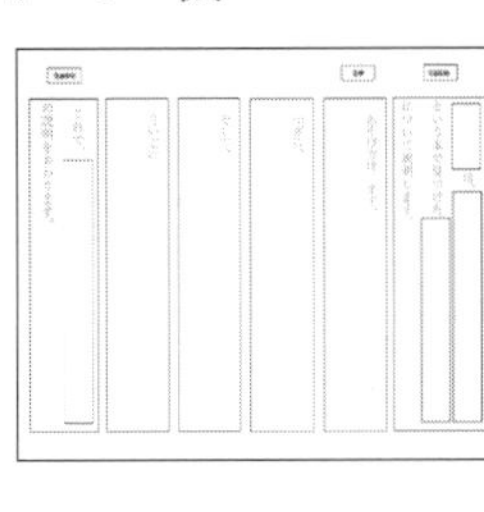

【資料ダウンロード先】

①発表メモ　②発表原稿ＰＤＦ版　③発表原稿ワード版

【参考実践】

武田晃治『おにごっこ指導計画』（ＴＯＳＳランドより）

「おおきなかぶ」

【思・判・表等 C読むこと】

# 言葉の力育成のアプリ紹介とトレーニング
## 一年国語教科書の具体例

▼富樫僚一

### 1 ひらがな、カタカナの習熟

初めて、小学一年生の担任をしたとき、ひらがな、カタカナの指導をどのようにすればよいかわからなかった。

入学前にしっかりとひらがな、カタカナを読んだり、書いたりできるようになっている子もいれば、まだ自分の名前を書くことすら難しい子もいた。

子供たちの力の差は大きかった。

参考にしたのは、向山型漢字指導である。

向山型漢字指導では、「指書き」「なぞり書き」「写し書き」で漢字の書き方を覚えたあと、「空書き」で確認をする。

ひらがな、カタカナの指導でも、市販のスキルを使いながら、同じ指導のステップで行った。

すでに、読み書きができる子供たちも、丁寧さを観点にして評定すると、熱中して取り組んだ。

それでも、書字が苦手な子がいた。

形を捉えられない子には、指書きを何度もさせることが有効であることを、学んでいた。

そこで、無料のアプリをいくつかダウンロードし、iPadを使って指導してみた。

使っていて、ます目の部屋ごとに色分けされている方がわかりやすいのではないかと考えた。

そこで、PowerPointで図のようなます目を自作し、iPadのアプリ「Miyagi Touch（ミヤギタッチ）」で読み込んだ。

▲作成したます目

▲ Miyagi Touch での操作イメージ

アプリのように、ゲーム性がないため、その日決めた量の課題を終えたら、シールをあげることにした。

アプリで練習したあとは、同じように色分けしたますを印刷し、太めのペンで紙に書く練習をした。

実践前に比べ、字形を整えて書くことができるようになった。

## 2「を」「は」「へ」の習熟

「お」と「を」、「わ」と「は」、「え」と「へ」を書き分ける指導は、教科書の指導時数だけでは、習熟が図れない。

そこで、一人一台端末を活用して、隙間時間に、個々の能力に合わせて学習が進められるように、教材を作成した。

使用したアプリは、Jamboardである。

〔作成方法〕

①PowerPointで問題と選択肢用の文字を作成。

②問題と選択肢用文字の両方を画像化。

③問題はJamboardの背景として読み込み。

④選択肢用文字を画像として読み込み。

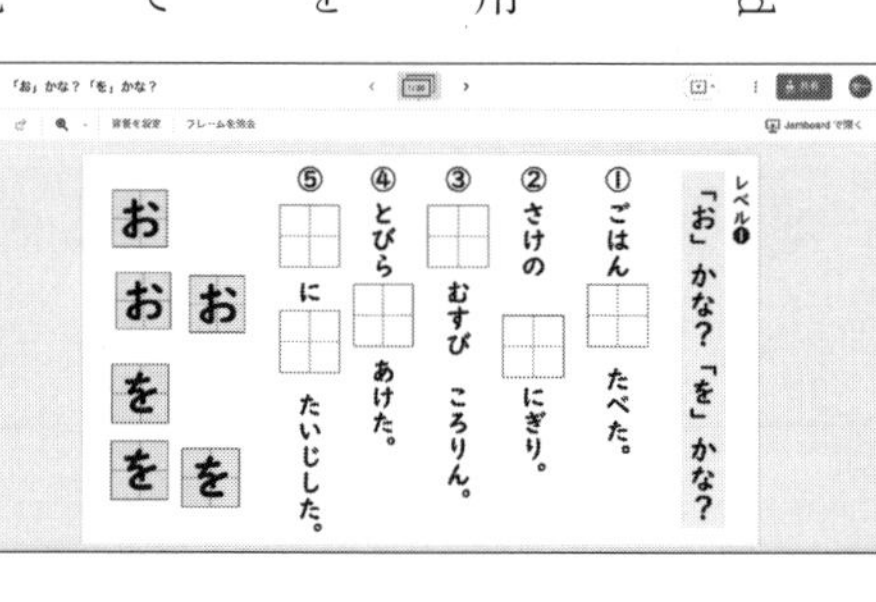


上図が実際のJamboardの画面である。

iPadでもクロームブックでも、Jamboardなら、指のタッチで操作が可能だ。

一人一台端末の操作に不慣れな一年生の子供たちでも、スムーズに操作をすることができた。

休み時間にも、夢中で練習する子供たちの姿が見られた。

## 3「おおきなかぶ」(光村図書)

光村図書一年生の「おおきなかぶ」の学習で、一人一台端末の活用を考え、二つの実践を行った。

一つ目は、登場人物について指導した場面である。

Jamboardに、登場人物の挿絵を貼り付けて、物語に登場した順に並べ替える活動である。

学習指導要領には、次のように書かれている。

> **C　読むこと**
> **イ　場面の様子や登場人物の行動など、内容の大体を捉えること。**

「おおきなかぶ」において、人物が登場した順序を確認することは、内容の大体を捉えるための欠かせない活動の一つだ。

実際のJamboardは図のようになった。この図は、挿絵が入っていないが、概ねこのようなイメージである。

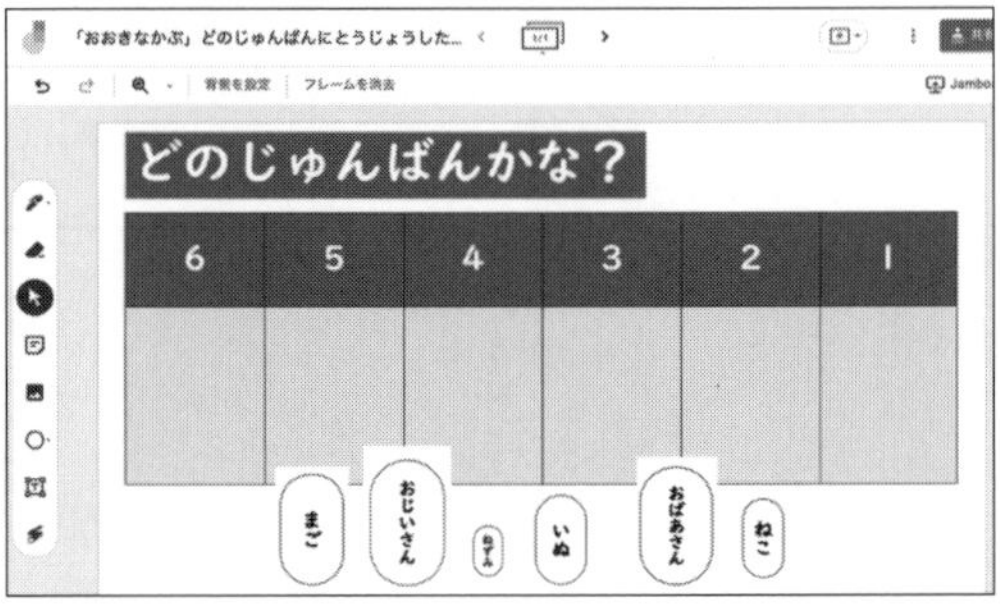

活動を終えた子から教師がチェックし、花丸の画像を貼り付けていった。

花丸の画像は、コピー&ペーストで、すぐに貼り付けられるため、簡単に行うことができた。

二つ目は、討論の場面で活用したものである。

**発問：いちばん力持ちなのは、誰ですか。**

単元の終末に、この発問で討論を行った（原実践：向山洋一氏）。

向山氏の実践記録にあるように、

「ねずみが引っ張って、かぶは抜けたのだから、先生は、ねずみが一番力持ちだと思うけど、それでいいよね？」

などと、やり取りをしながら子供たちを引き付ける。

子供たちの意見の分布を確かめるために使用したアプリが、メンチメーター（Menti meter）だ。

操作は、簡単。

クラスルームに貼り付けられたフォームを開き、選択肢をタップして、送信するだけだ。

一年生でも短い時間でできた。

メンチメーターでは、集計結果が、棒グラフや円グラフとして、自動的に表示される。

視覚的に捉えられるので、わかりやすい。

意見を集約したあと、改めて、ノートに意見と理由を書かせた。

〔おじいさん〕

「男の人が一番力持ちだと思う

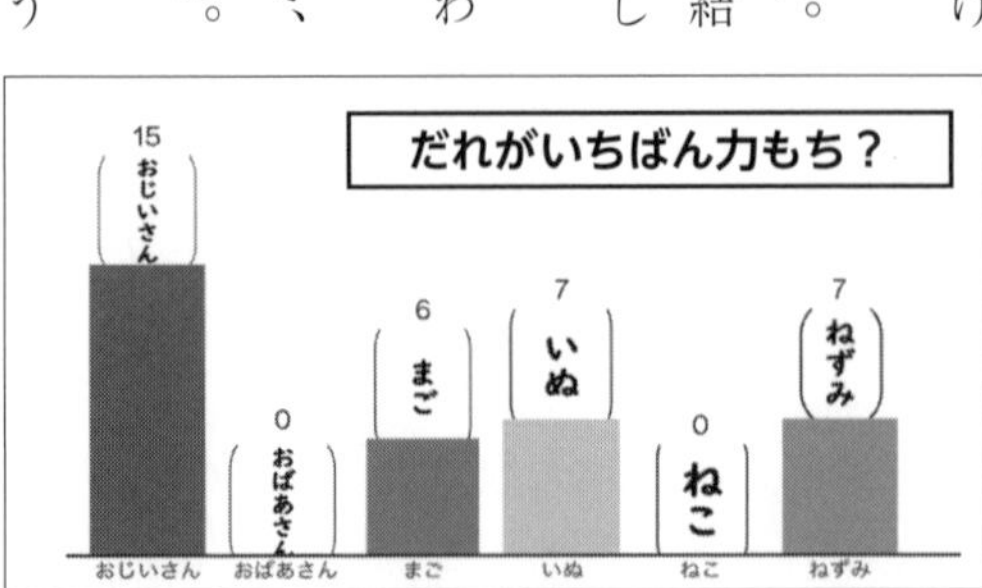

からです。」

〔まご〕

「一番若いからです。」

〔いぬ〕

「レスキュー犬とかいて、助けてくれるイメージがあるからです。」

〔ねずみ〕

「最後に出てきて、引っ張ったら抜けたからです。」

討論の後にもう一度集計を取った。

私の学級では、「いぬ」という子が若干増えて、ねずみが減った。

きっと、「助けてくれるイメージ」という理由が、クラスの子供たちに伝わったのだろう。

グラフを比較して、意見の分布の変動を視覚的に捉えることができた。

## 4 一年生からタイピング

ローマ字を学習するのは、三年生からである。

一年生からタイピングを練習することは、難しいという意見もあろう。

しかし、次の二つのアプリを使用することで、一年生からでも練習が可能だ。

**①プレイグラム　タイピング（Preferred Networks）**
**https://typing.playgram.jp/**
**②ゆびまるくん（平間晃氏作成）**
**http://www.hirama.net/key/**

二つのアプリに共通する特徴は、キーボードのどこに指を置いたらよいのかを画面上で図示している点である。

これで、どのキーをどの指で押せばよいのかわかるのである。

この二つはゲーム性が高いのもよい。漢字が多いので、解説は必要だが…。またネガティブな言葉を、ポジティブな類義語に変換してくれる。楽しみながら、言葉の変換を学べれば意欲に繋がるのではないか。

「にたいみのことば、はんたいのいみのことば」

【知識・技能 ⑴言葉の特徴や使い方】

# 言葉の力育成のアプリ紹介とトレーニング

## 教科書の具体例

▼松田春喜

### ❶ 漢字で書ける＝言葉を知るではない

「話す」も「言う」も漢字で書けるし、単語も知っている。では、「話す」と「言う」の違いは何かと子供に問うたら、「…何だろう？」と首をかしげる。

語彙が豊かになるというのは、そういった普段の生活で何気なく使っている言葉の共通点や相違点を気づき、使い分けることができるようになることだ。子供に気づかせるためには、多くの体験が必要である。よって、授業の中で言葉の力を育成していくには、次のような展開にしていきたい。

**多くの用例を学級で共有し、そこから子供たちが法則性に気づくような展開**

一人一台端末を活用すれば、短時間で多くの情報に触れることができるので、大きな武器となる。

### ❷ 教科書の具体例①

光村図書こくご二年下に「にたいみのことば、はんたいのいみのことば」がある。

#### ⑴ 子供を励まし、たくさん用例を出させる

「言う」と板書し、次のように指示する。

**「言う」を使った文を作ってごらんなさい。できたら先生にもってきます。○をもらったら、戻って次々に書いておきなさい。**

あれこれと子供に出させる時には、まずノートに○をつけ、勇気づけ、励ましながら進めたい。一人一個は書いている状態になったら、全員に発表させる。

次に「(言う) と似た意味の言葉があります」と言いながら「話す」と板書し、同じように進める。

#### ⑵ 教科書の用例で違いを考えさせる

教科書にある「友だちに話す」と「友だちに言う」の

用例を取り上げ、「二つの文には、どのような違いがあるかな」と問い、グループで話し合い、それぞれの考えを出させる。

### (3) 違いがわかる用例を出させる

「似た使い方もあれば、違った使い方もありましたね」と前置きし、次のように指示する。

**「言う」「話す」の違いがわかる使い方を見つけよう。**

クラスでは、ロイロノートというアプリを使って、共有を図った。それぞれが書いたものを、すぐに共有することができる。互いに書いたものを見合い、「言う」「話す」の異なる使い方について考えさせた。

その際に、「わかりやすかった使い方を、それぞれ三つメモしておきなさい」と指示しておくことで、子供は、やることが明確になり、教師は取り組みが確認できる。

| 言う | 話す |
|---|---|
| ①すきなたべものを言う。 | ①すきなたべものについて話す。 |
| ②じょうだんを言う。 | ②ともだちと話す。 |
| ③わる口を言う。 | ③グループで話す。 |

### (4) 図で表す

言葉の違いを、言葉で説明する時に難しい場合は、図を使ってみれば案外、簡単な時がある。

「言う」「話す」の違いについて、図で表せるようにシートを準備し、子供たちに自由に書き込ませた。矢印がわかりやすかったようで、図によって理解が進んだ。

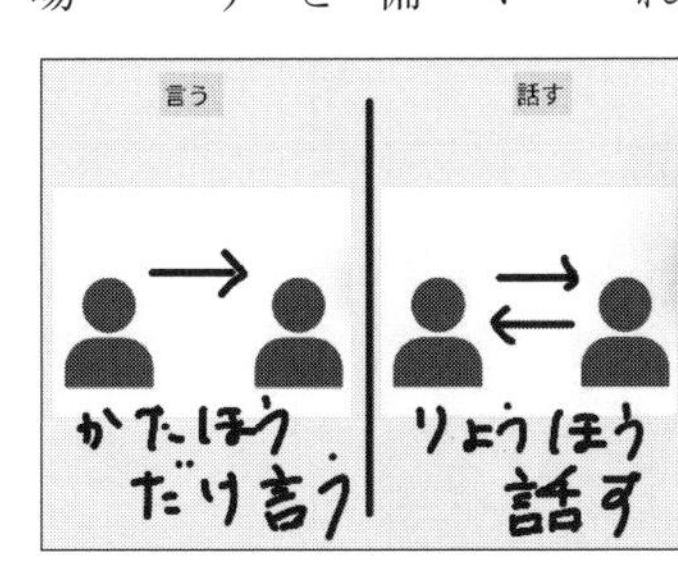


説明に図を使った方が簡単な場合があるということは、低学年のうちから実感させたい。

### (5) トレーニング

授業を一回やっただけで、本当の力になるとは言い難い。繰り返す中で、全員の確実な力になっていくというのが実感である。トレーニングにあたり、新しい準備はいらない。

次のように進める。

**教科書の巻末にある〈ことばのたからばこ〉を使う**

**①言葉を一つ選ぶ。**
**②選んだ言葉と似た意味の言葉を書き出す。**

③書き出した中から一つ選び、比べる。
④違いがわかる例文を書き、話し合う。

似た意味の言葉の違いを検討することは、子供の語彙を豊かなものにする有効な手立てだ。あるものを活用し、無理なく進めていきたい。

## (6) 一問一答からの脱却

反対の意味の言葉については、一問一答の形になりやすい。「大きい」の反対は「小さい」のように、である。しかし、教科書にはおもしろい例示がされている。それは、「ぬぐ」である。反対は「きる」「はく」「かぶる」と複数が存在する。そういった知的な問題を出したい。次の三つを扱った。

たかい・あつい・かける

易から難へ。様々な答えに教室が活気づいた。

## 3 教科書の具体例②

光村図書こくご二年上に「同じぶぶんをもつかん字」がある。自分の知っているものだけでなく、たくさんの漢字に触れさせ、興味・関心を引き出したい。

### (1) 口に二画の実践

向山洋一氏の実践に「口に二画」がある。「口」の字に二画つけ足して、どれくらい多くの漢字が書けるかというもの（詳細はTOSSランドを参照）。

教室が大いに盛り上がることは間違いない。

### (2) クラスみんなの知識を総動員する

教科書は「木」が含まれる漢字を探すことからスタートしている。「口に二画」の授業のあとに、「木」がつく漢字をたくさん書かせる。その数が、教科書の例を超えたら、「教科書に勝ったね」と、みんなで喜ぶ。

「もう他にないかな?」と聞くと「たぶん、あると思うけど…」という反応。「では、調べてみよう」と続く。

### (3) 予想させて、探してみる

探す前に、子供に予想させると、取り組み方が変わる。予想であっても、自分の出した「答え」は、あっているか気になるものだ。

タブレットに、無料アプリである〈常用漢字　筆順〉をインストールしている。これは、筆順の確認でも使えるが、

**漢字辞典**

としての使い方もできる。

〈索引〉から〈木のつく漢字〉〈木偏の漢字〉を検索することができる。子供たちは習っていない漢字が多いが、知っている漢字、見たことある漢字、部分的にわかる漢字を見つけ出す。何より、その数の多さに驚く。このような体験から、漢字に興味を持ち、調べ出す子もいる。

事前に、数の予想を書かせておくのもよい。自分の知らないことが、たくさんあり、調べることができる。そんな体験をさせたい。

### (4) トレーニング

教科書に掲載されているのは、二年生の前半である。できれば、もっと漢字を学習した後半にも行いたい。「木のつく漢字」「刀がつく漢字」など、テーマを与えれば、短時間ですぐにできるので、隙間時間を活用し、月に一回はさせたい。

| エン | | | | | |
|---|---|---|---|---|---|
| 檐 | | | | | |
| オウ | | | | | |
| 枉 | 桜 | 横 | 橫 | 櫻 | |
| カ | | | | | |
| 枷 | 柯 | 榎 | 樺 | | |
| カイ | | | | | |
| 枴 | 桧 | 械 | 楷 | 槐 | 概 |
| 檜 | | | | | |

| ウツ エイ | |
|---|---|
| 栄 | 榮 |
| カ | |
| 果 | 架 |
| ガク | |
| 楽 | 樂 |
| カン | |
| 柬 | 栞 |

その際、下のようなシートをつくり、配るだけでもいい。形のつながりから、意味のつながりへと意識が向く子がいるかも知れない。大いに褒めて、漢字の意味を深める機会にもしたい。

| 日 | 日 | 日 |
|---|---|---|
| 日 | 日 | 日 |
| 日 | 日 | 日 |

▲日のつく漢字を見つけよう。

十分間のトレーニングは、次のような流れである。

**①テーマを発表する**
**②自力で、たくさん書く（3分）**
**③学級全体でまとめる（5分）**
**④アプリで調べ、追記する（2分）**

「漢字仲間調べ」のような名前を付け、クラスの最高記録、子供の最高記録などをメモしておくと、より意欲的に学習に取り組める。

## 4 無理なく定期的に行う

確かな力をつけさせるためには繰り返しが必要である。変化をさせながら、無理なくできるのが最高だ。言葉と言葉をつなげる場を定期的に作っていく。

「おおきなかぶ」

【(1)言葉の特徴や使い方　C読むこと】

# 一年生の授業実例
# 「読む」－ICT紐づけプラン
## 「おおきなかぶ」の音読指導＆討論指導

▼武田晃治

### 1 教材研究

「大きなかぶ」は、全教科書会社で、昔から掲載されているロシア民話である。ただし、教科書会社によって訳が異なる。光村は西郷竹彦氏、光村以外の教科書は、内田莉莎子氏の訳。最終場面、西郷訳は、「おじいさんがおばあさんをひっぱって…」と大きい順に引っ張っていき、内田訳は、「ねずみがねこをひっぱって…」と小さい順に引っ張っていく叙述となっている。

光村、東書、学図は、言語活動で音読発表会を設定し、教出は、読解をしながら感想をもたせる活動を設定している。音読と読解、どちらも指導ができるように、本稿では音読指導の方法と、楽しく読解ができる発問を紹介する。

### 2 子供の音読が変化する工夫4

「音読しましょう」と活動させるだけでは、子供の音読は変容しない。変化する工夫を四つ紹介する。

**【工夫一】強調**

| A | B | |
|---|---|---|
| あまい | あまい | かぶになれ。 |

どちらを強く読んだらよいか、子供たちに尋ねる。そして、両方試してもらう。「Bの方がよい」という意見が多く出る。繰り返しの言葉があるときは、後者を強調する読み方の工夫があることを教える。これを教えると、この後の「大きな　大きな　かぶになれ」も工夫して読む子が現れる。

**【工夫二】昇調**

> かぶを　おじいさんが　ひっぱって、
> おじいさんを　おばあさんが　ひっぱって、
> おばあさんを　まごが　ひっぱって、…

同じトーンで読むと平調。徐々に声を張り上げ、昇り調子で読むと昇調。逆に落としていくのが、降調。どの読み方がいいか、試させる。徐々に盛り上がっていく昇調で読むのがよい、という意見が多く出る。

**【工夫三】群読**

かぶを引っ張る場面。登場人物が増えるたびに、声を重ねていく群読の技法があることを教える。音読をする方も聞く方も、楽しさが増す。

**【工夫四】クライマックス**

音読で、最高に盛り上がるのは、最後のクライマックス。「うんとこしょ、どっこいしょ。とうとう、かぶはぬけました。」を全員で声を合わせ、元気よく読むと、気持ちがよい。グループ対抗で、この部分だけ練習させると、応援団のように、盛り上がる。

**音読の工夫4**

① 強調
② 昇調
③ 群読
④ クライマックス

## 3 ICT　録音・録画機能の活用

音読カードを使っての音読練習。一年生の宿題として定番であるが、教師は家庭での音読の様子を把握できず、親任せになる。しかし、今はＩＣＴ機器がある。ロイロノートの録音機能を使って、音読を録音させ、提出箱に提出させた。録音した音読は、子供自身も聞くことになる。「はっきりとした声で読めていたのか」「すらすら読めていたのか」など、これまで、認知できなかった自分の読み方を、子供自身が知ることができ、音読の技能向上につながった。

グループ練習では、録画機能も使える。自分たちの音読を客観的に知ることができる。音読発表会の様子を録画して面談等で見せると、保護者に喜ばれる。

## 4 想像を広げさせる発問

**おじいさんは、おばあさんを、何と言ってよんできたのでしょう。**

教科書には、おじいさんの行動だけが書かれていて、心情は描かれていない。読者の想像に任されている。おじいさんは、どのようにおばあさんをよんだのかを子供たちに尋ねた。

・おばあさん、かぶがぬけないからきて。
・かぶをぬくのをてつだってください。
・おばあさん、てつだっておくれ。

　ノートに書かせ、発表させる。出された意見の中から、一番よいと思うものを尋ねる。具体的な方がよいことに気付く。

　最後に、教師が作った台詞を紹介する。

「ば、ば、ばあさんやあ。たいへんじゃあ。でっかいかぶができてしもうた。わし、ひとりではぬけん。たすけておくれ〜。」

　感情豊かに朗読する。子供たちは大喜び。教室全体で、イメージを広げる楽しさを感じる。

**ねこは、ねずみを何と言ってよんできたのでしょう。**

　一般的には、敵対関係にある猫とねずみ。どのように声をかけたのか。楽しい意見がたくさん出る。

・ねずみさん、かぶがぬけないの。たすけてえ。
・ねずみもこい。こなかったら、たべてやる。
・てつだって。かぶがぬけたら、たべられるよ。
・ねずみくん。ちいずをあげるから、ちょっときて。

　教師が作った台詞も紹介する。

「ねずみくん。いつもいじめて、ごめんね。お世話になっているおじいさんが、困っているんだ。もう、いじめないから、手伝ってくれないかな。」

## 5 討論が起きる発問

**一番、力持ちなのは、誰ですか。**

**（福田一毅氏の発問）**

　大人が読むと、当然「おじいさん」だと思われるが、子供の意見は、分裂する。

【おじいさん】人間の男。体が大きい。
【おばあさん】人間である。
【　まご　】一番若い。
【　犬　】きばがある。足が速い。
【　ねずみ　】最後に登場。ねずみで抜けた。

　理由を伝え合うと楽しい。

向山洋一氏は、天秤を使って子供たちに教える方法を提案している。①体の大きさ順に、おじいさん、おばあさん、犬…、というように重りを並べる。②天秤の片方に、粘土で作ったかぶを乗せておき、話をしながら、内容に沿って、一つずつ重りを乗せていく。③重りを五つ乗せても、天秤は動かないことを示す。④最後に、小さな重り（ねずみ）を乗せると、天秤が傾くことを示す。

### 教科書と絵本、どちらの「おおきなかぶ」がいいですか。

勤務校の教科書は光村で、西郷訳だったため、内田訳の絵本の読み聞かせをして、比較させた（光村以外の場合は、光村版の読み聞かせをし、比較する）。

大人でも意見が分かれる問題である。「家の人にもインタビューしてみて」と伝え、家庭を巻き込んだ討論を行った。

**【絵本派】**

・ねずみが最初の方が、おもしろい。
・ひっぱるのは、小さい順の方がいい。
・だんだんかぶが、抜けそうになる。
・読みやすい。

**【教科書派】**

・かぶからだんだん遠くにいく方がいい。
・前から順番に言っていくのがいい。
・みんながおじいさんを手伝っている感じがする。
・リズムがいい。
・一番かぶを食べたいのは、おじいさん。

〈おおきなかぶ〉
きょうかしょです。なぜならいちばんかぶがたべたいのはおじいさんです。ねこやねずみもかぶがたべたいわけじゃないけどきいごまで、ぬいたからです。

自分の意見をノート書き、互いの意見を交流する。

討論の入門指導は、一年生でもできる。

「くちばし」

## 【思・判・表等 C読むこと】
# 問いと答えが説明文の基本
## 答えとイラストを紐づけてICT活用

▼堂前直人

### 光村一年生「くちばし」

### (1) 何度も何度も覚えるくらい読む

**先生！　もう教科書見なくても言えるよ！**

一年生を担任していると、子供たちが嬉しそうに報告をしてくれる。「私もできちゃった！」と次の日もまた次の日もやってくる。

説明文を指導する大前提として、子供たちが文章を読み込んでいる、読み慣れていることが必要だ。

**暗唱できるか**

が一つの指標となる。

もちろん、授業の中で繰り返し読む。が、それ以上に子供のやる気に火をつける仕組みが大切だ。

**題名の横に○を十個書かせる。**
**一回読んだら、一つ赤鉛筆で塗る。**
**十個を超えたら丸を追加して塗っていく。**
**授業の際に、「全部で何個になった？」「昨日何回読んだの？」と問いかけ、「すごいなあ！」と驚いて褒める。**

たったこれだけのことだが、競い合うような音読合戦が始まる。

また、家庭学習で取り組ませることもあるだろう。

**学習者用端末を使って、動画撮影をさせるのも面白い。【ICT活用】**

難しそうに思えるが、学校で何度か練習をすれば十分可能だ（現に、一年生の我が子もやっている）。

### （2）説明文の基本①「問い」

**このお話は、何の話が書いてあるのかな？**

説明文の基本は、「問い」である。「問い」があり、それに対する「答え」がある。そしてその答えを導き出すための「実験」や「資料」、「調査」などが「根拠」として提示されている。

しかし、一年生にそういった構造を言葉ではなく体験的に教師とのやり取りを通して、この構造をまず学ばせる。

そこで、私は、冒頭のように「このお話は、何の話が書いてあるのかな？」と、問いかける。

「くちばし」、と口々に言うだろう。ここはさらに突っ込みたい。

**「何のくちばしですか？」**

「いろいろなとりのくちばしの話」である。

子供たちが自力で答えを導けるよう、先生はわざと間違えてやるとよい。

**魚のくちばしの話だよね？**
**一匹の魚のくちばしのことが書いてあるね。**

そうやって先生が間違えるたび、「ちがーう！」の大合唱が起こる。そして、答えにたどり着く。

**問い：何の話が書いてあるのか。**
**答え：いろいろなとりのくちばしの話。**

そして次のように言う。

**このお話の中に、今の先生みたいに、みんなに問題を出しているところがあるよ。先生が読むから探してごらん。**

全文から探すことは難しい。一部のみ、先生が読んでやる。

「さきがするどくとがったくちばしです。これは、なんのくちばしでしょう。」

**見つけた人？　そこに線を引いてごらん。引けた人で読んでみよう。**

このような形で、作業をさせ、確認もしていく。

**問い：これは、なんのくちばしでしょう。**

なお、この文は、問いとしては不完全である。文末に一文字加えたい。

その一文字を子供たちに考えさせたいが、さすがに難易度は高い。

「この文は一文字あると、もっといい問題の文になります。このままだと90点です。ひらがな一文字たりません。それは、なんでしょう『か』？」のように、「か」に着目させるような問い方をすれば、気付く子もいるだろう。

問いがわかったところで、答えを探したい。しかし、この説明文の問いは、まだ難解である。

**問い：これは、なんのくちばしでしょうか。**

繰り返し出てくる表現である。毎回、「これ」を確定したい。

そこで、子供たちに、

**くちばしの写真があるよ。見てごらん。どんなくちばしなのですか。**

と問う。ここでは、くちばしの写真を提示したい。

例えば、「するどくとがった」が出てきたところで、「するどくとがったくちばし」と写真とセットになるようにして板書する。

ここで、問いに立ち返る。「これは、なんのくちばしでしょうか」を子供たち全員で読ませる。ここまでやって、ようやく問いが確定できる。

### (3) 説明文の基本② 「答え」

答えを見つけることはそう難しくない。

「なんのくちばし」と聞かれているので、「～のくちばし」と答えさせる。

最初は、難しいので、「○○○○のくちばし」と答える範囲を限定しておく。

二つ目の事例では、「〇〇〇〇の〇〇〇〇」、三つ目では、ヒントなしのように徐々にステップを上げていくとよい。

**【板書例】**

**これは、なんのくちばしでしょうか**

**するどくとがったくちばし**

↓

**きつつきのくちばし**

このような板書になるだろう。

## (4) ICT活用プラン

前述したような授業プランに、ICT活用をさらに取り入れるとするならば、例えば次のようなものはどうだろうか。

**「写真」と「特徴」と「鳥の名前」を線で結んだり、並べ替えて、正しく仲間分けさせたりする。**

画面はイメージだが、アプリを使うとしたら、ロイロノートやJamboardなどで行うのがよいだろう。

子供たちの行う操作は、「ペンで書く」か「ドラッグする」なので、一年生の初期から中期でも可能である。

## (5) 話す活動につなげる

教科書のガイドでは、最後に、「一番驚いたくちばし」について、話（発表）させる場面を作っている。

ここでは、「話型」を示して、発表をさせるのがいいだろう。

**【話型例】** ぼくは、〇〇のくちばしにおどろきました。理由は、〇〇〇〇だからです。

**【発表例】** ぼくは、きつつきのくちばしにおどろきました。理由は、木に穴をあけることができると初めて知ったからです。

## (6) 一年生の説明文教材

光村図書では、一年生はこのあと、「うみのかくれんぼ」、「じどう車くらべ」、「どうぶつの赤ちゃん」と説明文が配列されている。

どれも、まずは、「問い」を見つける。次にそれに対応する「答え」を探す。この作業がしやすくなっている。

【⑴言葉の特徴や使い方　B書くこと】

# 一年生の授業実例「書く」ICT紐づけプラン

## 「しらせたいな、見せたいな」（光村図書）

▼武田晃治

### 1 一時間目　学習課題の設定

「学校にいるいきものや、見つけたものを家の人に知らせる」という学習。生活科の学習と関連させるとよい。生活科で学習した四匹のウサギの中から、一匹を選んで家の人に紹介しようというゴールを設定した。

「書くこと」の単元で重要なのは、相手意識と目的意識をもたせることと、目指すゴールの作文イメージを明確にすることだ。教科書にあるモデル文を音読した。

**「モルモットのもこ」の作文の書き方で、よいところはどこですか。**

モデル文のよさは何かを尋ね、段落ごとに体や行動の様子が詳しく書かれていることに気づかせる。

### 2 二時間目　視写でモデルの習得

教科書の例文を原稿用紙に視写した。視写をすることで、文章の型を習得することができる。

### 3 三時間目　「まちがいをなおそう」

**字の使い方で、間違っているところを直しましょう。**

教科書21ページ、単元末に掲載されている課題だが、作文を書いた後ではなく、先に行った方がよい。

このページの課題は、旧教科書の方が面白い。

**みずを　やりすぎないように　きお　つけました。**

「きをつける」が「きおつける」「きよつける」で議論になる。発展問題として挑戦させることもお勧めだ。

### 4 四時間目　写真への書き込み

生活科で撮影した写真に、ロイロノートの書き込み機能を使って、見つけたことを書き込ませた。作文の材料が集まった。

### 5 五時間目　詳しく書くことを習得

「めは、くろい」とタブレット画面に書いて、子供たちに示した。

**先生より、詳しく書ける人はいますか。**

ロイロノートのテキストに、手書きで解を書かせる。

書かせたものを提出箱に提出させ、共有機能を使って、全員が書いたものを見られるようにする。

以下、子供たちが提出した文である。

・めのいろは、まっくろで、たまみたいです。
・めはくろで、たまあにひかりでしろがはいっています。
・うさぎのめはくろで、にんげんはしろとくろでふしぎです。
・めは、きらきらしていて、かわいいです。
・めのなかに、にんげんとおんなじみてるものがうつってます。
・にんげんはまえにあるのに、うさぎはよこにあります。

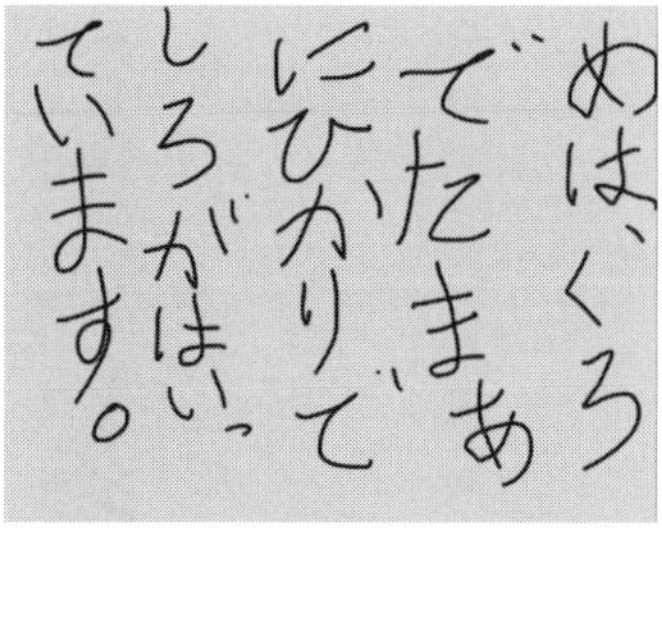

比較することで、多様な書き方があることを知る。

ポイントは、一文に限定することだ。

「目以外のことも書きたい」と子供たちが言ったので、提出箱をもう一つ作って提出させた。

・けはふわふわで、かわいいです。けのなかは、しろです。
・みみはほそながくて、ぴくぴくうごいていて、みりょくてきです。
・ひげは、すごくながいです。ねこみたいです。
・はなのあたまは、ぴくぴくうごいていて、にんげんからみると、ちいさくてかわいいです。
・うさぎのしっぽは、まるくてたまみたいです。さわると、ふわふしてきもちいいです。

一文に限定した指導で、子供たちは、「詳しく書くこと」のイメージをもつことができた。

## 6 六時間目　下書き

一年生は、習得に時間がかかる。一度教えただけでは、習得に結びつかない。前時に行った「詳しく書くこと」の復習を行った。

【くちは、ちいさいです。】と板書。

「もっと詳しくできる人？」

と尋ねた。子供たちの手が上がった。

「Yのかたちになっています。」

「えさをたべるときは、もぐもぐうごきます。」

「くちのなかには、するどいはがあります。」

詳しく書く方法を、再確認してから、下書きに入った。

モデルとして、教師が書いた作文を黒板に掲示しておいた。教科書のモデルは、観察した事実だけの記述で、少し味気ない。最終段落に、「えさをたべるようすが、かわいいなとおもいました」という感想を添えた。感想の言葉が入ることで、子供の作文が個性的になる。

## 7 七時間目　推敲

推敲チェックシートを使って推敲を行った。教科書での指導事項は、「句点」「読点」「助詞（は・を・へ）」の三つだが、加えて「段落」も教えた。教科書で学習用語として習うのは三年生だが、早めに教えた方がよい。文章が整い、作文がぐっと読みやすくなる。

## 8 八、九時間目　清書と読み合い

清書をし、画用紙に貼った。教科書では、動物の絵を描かせているが、絵が苦手な子もいる。図工ではないので、無理に描かせなくてもよい。ここでも、ＩＣＴを活用。タブレットで撮影した写真を印刷して、表紙にした。

子供たち同士の読み合い。子供が見つけたよさの中で、特に価値付けたいと思った内容は、教師が取り上げて広めるようにしたい。

作文を家に持ち帰らせる日の学級通信には、次の一文を入れた。

ウサギのキャラメル

キャラメルのけのいろは、ちゃいろとしろです。けは、ふわふわしてやわらかいです。
めは、まっくろです。まるくて、たまみたいでかわいいです。
あしには、するどいつめがギラギラひかっています。まるではりみたいです。
しっぽは、まるいです。ふわふわしています。
はなは、ピンクです。ぴくぴくしています。ふしぎです。
ウサギのみみはながいです。とおくまできこえます。さわるときもちいいです。

ウサギをペットにしたいです。

本日、国語で書いたウサギの紹介文を持ち帰ります。どの子も一所懸命、書きました。がんばったこと、よいところを褒めてあげてください。

## たしかめよう

なまえ＿＿＿＿＿＿＿＿

| | たしかめること | じぶん | ともだち | ともだち |
|---|---|---|---|---|
| ① | 文のおわりには、「。」がついていますか。 | | | |
| ② | 「、」をつけたほうがよいところは、ありませんか。 | | | |
| ③ | 「は」「を」「へ」を、正しくつかっていますか。 | | | |
| ④ | だんらくを　つくっていますか。(一マスさげる) | | | |

～おんどくをして、たしかめましょう～　　○よい　△なおしたほうがよい

**【知識・技能　⑴言葉の特徴や使い方】**

# 一年生の授業実例「言語」ICT紐づけプラン

▼岡　孝直

一年生「言語」には次の指導事項がある。

> **正しい口形で発音できるか**
> **正しい姿勢で発声できるか**
> **促音や句読点を正しく使えるか**
> **ひらがながかけるか**
> **カタカナがかけるか**
> **漢字がかけるか**

それぞれが小学校教育の基礎となる部分である。繰り返し取り組むことのできる指導が必要である。

一人一台端末により、より効果的なトレーニング方法が生み出されている。子供たちが自分で学習を進められ、繰り返し習熟することができる指導を紹介する。

## 1 カメラ機能を使った発声練習

「うたにあわせて　あいうえお」（光村図書）では、口形に気をつけながら母音「あいうえお」の発音練習をする。

有効なのは

> **カメラ機能**

だ。切り替えの仕方を教え、自分の顔を映すことができるようにする。動画で発音している自分を録画する。一年生はこれだけで大喜びである。効果的なことが三点ある。

> **①自分の口の形を自分でチェックすることができる。**
> **②自分の声（はっきりと聞こえるかどうか）を自分でチェックすることができる。**
> **③すぐに2回目、3回目の挑戦ができる。**

簡単に実践でき、その効果も大きい。口を大きく開き、形を気にしながら何度も練習していた。

次に個別に評定をする。「テストしたい人いらっしゃい」

と言って並ばせ、「合格！」「もう少し！」と評定する。子供たちは大喜びで並ぶ。おすすめの方法である。

## 2 ひらがな・カタカナの練習サイト、漢字の練習サイト

ひらがな・カタカナ、漢字に関しては、

> **動画を見ながら指を動かせるサイト**

が有効である。何度も繰り返し見ながら、自分で指を動かせる。

> **有効なサイト（例）**
> **ひらがな……「漢字の正しい書き順」サイト、えんぴつラボ**
> **カタカナ……「漢字の正しい書き順」サイト**
> **漢字……「赤ねこスキルデジタルサポーター」**

早く作業が終わった子供から、すきま時間に行っていく。空書きをしてみると習熟度がぐんと上がっているのがわかる。

Google のアプリが使えるのであれば、「Classroom」にリンクを貼り、子供が使えるようにしておく。いつでもクリックして練習するように伝えることができる。

## 3 促音や句読点を正しく教える

> **Google の「Jamboard」**

が有効的である。

まず、背景に文章とマスを貼り付けておく。付箋で「。」や「、」小さな「っ」や「ゃゅょ」を入れておく。正しい

大きさで正しい場所にくるように操作できる。効果的な点が三つある。

**①操作しながら学習できる**
**②促音や句読点の「大きさ」を操作しながら学べる**
**③促音や句読点の「位置」を操作しながら学べる**

様々な問題を作っておき、練習できるように用意しておく。課題ができたら、パソコンを教師のところへ持ってこさせ確認する。

間違えても何度もやり直しが可能である。

「Classroom」で貼り付けて何度でも復習することもできる。

▲ Jamboard

## ❹復習クイズを作る

授業で指導した後に、復習クイズをする。

おすすめのアプリ、サイトは

**Google Forms**
**WordWall**
**Kafoot**

である。

Google Formsは、画像を入れ、簡単にクイズ（テスト）を作ることができる。画像を見て「○か×か」を答えるだけのテストは簡単で、取り組みやすい（例　小さい「ゃ」テスト）。

また自分が何点とったのか、どこを間違ったのかを確認し、満点になるまで何度でも挑戦することができる。自身でフィードバックできるのがいい。

▲ Google Forms

教師もスプレッドシートのデータで誰がどのくらい正解しているのか、把握することができる。

Google Formsの作り方、使い方は以下のQRコードから。

WordWallは、楽しいクイズが作れるサイトである（無料版でも五つ作ることができる。編集すれば何度でも使える）。

こちらも画像を貼り付けてクイズを作ることができる。PowerPointで作った画像を貼り付けることで、自分で考えたクイズを作ることができる。

個別に一人一人がクイズを解く形になるが、何問正解だったか、タイムは何秒だったかも表示され、記録を早めるよう挑戦することができる。「終わった人から～秒と言いなさい」と指示をすれば、熱中する。

▲ WordWall

Classroomに授業として貼り付けておけば、子供が入りたいときにいつでも入って復習ができるようになる。

WordWallの作り方、使い方は以下のＱＲコードから。

Kafootは、みんなで一緒に取り組める、クイズショーのようなサイトだ。早押しクイズができる。

教師が表示した「数字」を入れるか、「ＱＲコード」を読み込むことで参加できる。

クイズが進んでいき、正答率とスピードで点数がつけられ、最後には表彰もある。

「先生、もう一度！」という声が鳴りやまないくらい一年生は熱中する。クイズをしながら楽しく、そして何度でも復習できる。

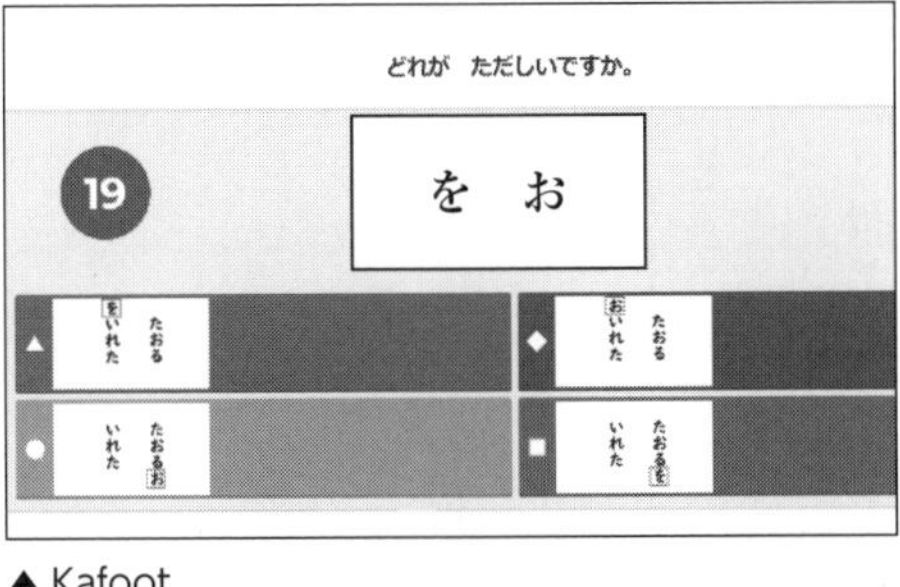

▲ Kafoot

Kafootの作り方、使い方は以下のＱＲコードから。

【思・判・表等　C読むこと】

# ふきのとう・スーホの白い馬
## 一年間を見通した「読む」指導

▼徳本孝士

### 1 ふきのとう

#### (1) 二年生の物語指導

二年生では、一年間を通して、「登場人物」を確かめ、「あらすじ」をまとめる活動をする。

その活動を通して、「自分の経験と似ていること」を話したり、「読んで感じたこと」が友だちと違うことに気付いたりする。

二年生最初の物語「ふきのとう」と、二年生最後の単元「スーホの白い馬」を紹介する。

#### (2) 「ふきのとう」二時間目　登場人物

一時間目に、スラスラと読めるまで、何度も音読する。

> **説明1：登場人物というのは、物語に出てくる人や、人のように動いたり話したりするものです。**

> **発問1：登場人物をノートに書きましょう。**

出された登場人物を黒板に書いて、定義にあっているかを検討をする。

四月二十日
とうじょう人ぶつ
人や人のようにはなしたりうごいたりするものです。
竹やぶの竹のはっぱ
ふきのとう
雪
はるかぜ

#### (3) 「ふきのとう」三時間目　音読

子供たちが、ふきのとうや雪になりきって読むので、笑いが絶えず、熱中する。

例えば、次のような文がある。

> **どこかで、小さなこえがしました。「よいしょ、よいしょ。おもたいな」**

**発問1：誰が言っていますか。**
**「竹やぶのそばのふきのとうです。」**
**発問2：ふきのとうになりきって、読みます。**

そして、何度か練習をした後、列で指名をする。読み方について断定的に、「3点」「2点」などと評定していく。子供たちは、最初は低い点数に戸惑う。

そのうち、小さな声で読む子がいて、「8点」と言われると「えー」と熱中状態になる。

**「文章をしっかり見なさい。」と言わなくても、『小さなこえがしました。』という表現を自然に見るようになる。**

そして、最後には、ふきのとうのようになって、身振りをつけて台詞を読むので、笑いに包まれる。

端末を使った学習も可能である。

**指示1：お隣の人に「よいしょ、よいしょ、おもたいな。」と音読している様子を端末で撮ってもらいます。**

子供たちは端末を使って、隣同士で音読の様子を撮り合う。

**発問3：自分の動画を見て、感想を隣の人に言いましょう。**

自分の音読の様子を見ることで、自分がどのように音読をしているか客観的に、メタ認知することができる。

**発問4：もう一度、「よいしょ、よいしょ、おもたいな。」をふきのとうになりきって読んでごらん。**

端末を持ち帰られるのであれば、家庭でも見てもらうことができる。子供たちのやる気もさらに上がる。

教科書には、教科書の学習ガイドのページがある。「ふきのとう」では、次のようになっている。

**〈とらえよう〉**
**・どんなとうじょうじんぶつが出てきますか。**
**・どんなことをしていますか。**

・どんなことをはなしていますか。
〈ふかめよう〉
・つぎのことばをどのように読みますか。こえに出して、読んでみましょう。
「よいしょ、よいしょ。おもたいな。」
〈まとめよう〉
・グループの中で、やくにわかれて、音読をれんしゅうしましょう。
〈ひろげよう〉
・音読をききあいましょう。ほかのグループの音読をきいて、いいなとおもったところをつたえましょう。

学習ガイドを全て扱う必要はない。軽重をつけていく。この中で、一年を通して、子供たちが活用するのは「登場人物」である。よって、「ふきのとう」だけでなく他の教材でも「登場人物」に着目させる。

## ❷スーホの白い馬

### （1）学習ガイド

「スーホの白い馬」の学習ガイドは次のようになっている。

〈とらえよう〉
・とうじょうじんぶつとできごとをたしかめましょう。
・はじめて、「スーホの白い馬」を読んで、どんなことが強く心にのこりましたか。
〈ふかめよう〉
・お話のじゅんに、とうじょうじんぶつのしたことや言ったことをたしかめましょう。
・そのときの、じんぶつのようすもそうぞうしましょう。
〈まとめよう〉
・「スーホ」や「白馬」のしたことや言ったことで、あなたがいちばん心をうごかされたのはどこですか。その理由はなんですか。ノートに書きましょう。
〈ひろげよう〉
・ノートに書いたことを、グループで話しましょう。友だちは、お話のどこに、どんなかんそうをもったでしょうか。

「ふきのとう」で扱った登場人物をもとにして、「スーホの白い馬」でも読み進めていくことができる。

このガイドでは、「ふかめよう」に時間をかけるとよい。

**(2)「スーホの白い馬」一時間目　登場人物**

スラスラと読めるために、単元に入る前から音読に取り組んでおくとよい。

**発問1：登場人物は誰ですか。ノートに書きましょう。**

この後、子供たちから出た登場人物を検討していく。

**(3)「スーホの白い馬」二時間目　内容を読み取る**

教科書の学習ガイドのページには、「お話のじゅんにたしかめる」として、各場面の要約が載っている。

**一場面　「スーホ」と「白馬」のであい**
**二場面　ひつじをおおかみからまもる「白馬」**
**三場面　「白馬」を「とのさま」にとり上げられた「スーホ」**
**四場面　「とのさま」のところからにげ出す「白馬」**
**五場面　「スーホ」のところに帰ってきた「白馬」**
**六場面　馬頭琴を作る「スーホ」**

要約の学習は、三年生からであるが、二年生の「お手紙」の単元でもできる。また、「スーホの白い馬」でも可能であるので、三年生に向けて、要約を指導する。この要約をもとに、場面ごとに読み取っていく。

例えば第一場面では次のようになる。

**発問1：この場面を短くまとめていきます。大事だと考える言葉を三つノートに書きましょう。**

「スーホ」や「白馬」「歌」などが出させる。

**発問2：この場面は、「スーホ」が「白馬」をどうした話ですか。ノートに「スーホが」と書きましょう。**

このように、登場人物に着目させて学習を進めていく。

【思・判・表等　C読むこと】

# 二年生の授業実例「読む」ICT紐づけプラン　説明文
## 文章と子供の体験を結び付ける

▼松田春喜

### 1 少ない文字情報よりも〈豊富な体験〉

「獣医さんは、どんな仕事をしているでしょう」では反応しない子供たちも「みんなは、どんな病気になったことがありますか」であれば、大いに反応する。文字としての知識が少ない子でも、自分の体験は語ることができるからだ。

新たな情報を知ることは、既有の情報とつなげることに他ならない。低学年では、自分の体験と結び付けることが必要であり、指導要領にも明記されている。

このことを踏まえ、光村図書二年上『どうぶつ園のじゅうい』の授業について述べる。

#### (1) たくさんの体験を共有する

本文の前に扉のページがある。ここでは、単元全体の見通しをつけたい。扉のページを次のように扱う。

> ①言葉の説明…「じゅうい」とは、動物のお医者さんです。
> ②体験とつなげる…動物も、みんなと同じようにけがをしたり、病気になったりします。みんなは、どんなけがや病気をしたことがありますか。
> ③予想する…動物のけがや病気を治すほかに、どんな仕事があると思いますか。また、朝にやる仕事はどんなことがあると思いますか。昼、夜はどうでしょう。
> ④比べる…人間のお医者さんと、動物のお医者さんを比べて獣医さんが大変なことは何だろう。

体験と結び付けながら、この単元でおさえるべき、「順序」や「重要な言葉」について意識させる。

**ここでのICT活用のポイントは「共有」である。**

体験や考えたことを書き出させ、クラスで共有する。豊富な情報に触れさせることで、興味関心を高めることができる。発言が苦手な子も自由に言える場で活躍させ、授業に引き込んでいきたい。

### （2）体験で不足することは調べる

本文を読んでいくと、「朝」から始まる。ここで、子供たちに「朝って書いてあるけれど、何時くらいだと思う？」と尋ねた。子供たちは、思い付きであれこれと述べる。一通り受けて、「朝の何時くらいか考えるために、教えてほしいことはありませんか」と聞いたら、子供たちからは次のことが出された。

> **①動物園は何時に開くか**
> **②動物は何時に起きるか**
> **③回るのに何分かかるか**

私は、近くにある熊本市動植物園のことで考えた。二年生では検索が難しいので、教師が調べた。熊本市の所要時間は120分とある。一般的な観光客がすべてを見て回る時間である。これを受けて次の問いを出した。

> **獣医さんが見回る時間は、これより長いか。**

「動物をじっくり見るので長い」「毎日見ているから、すぐにわかるはずだから短い」といった意見が出された。この活動により、「見回る」のイメージを具体化することができた。

検索は難しくとも、「みんなで知恵を出し合ってもわからないことは調べる」という態度を育てていくことは大切にしたい。情報があると考えも変わる。

## 2 一目でわかるようにまとめる

教科書では、本文のあとに「がくしゅう」のページがある。「時間の順序」「仕事の内容」「工夫したこと」などのおさえておくべき点がある。それらは、

> **個別に問うよりも、一目でわかるようにまとめる**

方がいい。文章を読み、内容をまとめる活動を通し、子供たちは、まとめるよさを実感し、まとめ方を学んでいく。ページをまたがなければ捉えられない内容が、一目で捉えられるようになることのよさを実感できる展開が必要だ。

次ページの表は、例として中身を書き込んでいるが実

際には子供たちがまとめていく。紙媒体でやるか、端末でやるかは実態に応じて進めればいい。

| 段落 | いつ | しごと | くふう | まい日のしごと |
|---|---|---|---|---|
| ② | 朝 | 見回り | あいさつをする | ○ |
| ③ | 見回りの後 | いのししの赤ちゃんがいるかをみる | えさをたべさせる | |
| ④ | お昼前 | にほんざるにくすりをのませる | こなにはちみつをまぜる | |
| ⑤ | お昼すぎ | ワラビーのはぐきのちりょう | しいくいんさんにおさえてもらう | |
| ⑥ | 夕方 | ペンギンにボールペンをはかせる | 大いそぎではかせる | |
| ⑦ | 一日のおわり | 日記を書く | よりよいちりょうができる | ○ |
| ⑧ | 園を出る前 | 体をあらう | びょうきのもとを、もちださない | ○ |

### (1) 表に印をつける

「がくしゅう」のページでは「はじめて知ったこと」や「おどろいたこと」といったことが聞かれている。これについても、表をつくっておけば、書き込むことができる。紙でも、端末でもできるのであるが、

**「情報の付け加えやすさ」は端末が圧倒的によい。**

「最もおどろいたことの段落番号を赤丸で囲みなさい」と指示し、簡単に理由も書かせる。「もっと知りたいと思ったことの段落番号を青丸で囲みなさい」と指示し、知りたい内容を簡単に書き込ませる。

表を活用し情報を付加していく。そのことにより「一目でわかる」ようにする。下の図は書き込みのイメージだ。このように一つの資料に書き込んでいく。

| 段落 | いつ |
|---|---|
| ② | 朝 （朝の見回りを、どうやってやっているのか、ぼくも見てみたい。どのくらいの時間がかかるのかな。） |
| ③ | 見回りの |
| ④ | お昼前 （おさるさんは、バナナがすきなのは知っていたけど、はちみつがすきだとはじめて知っておどろいた。ぼくも、くすりがきらいだ。） |

## ❸記述と体験を結び付ける

動物園で起こっていることと、学校で学んでいる自分たち。そこに橋を架けるのは「体験」である。記述と自分の体験を結び付ける。グーグルのジャムボードや、メタモジ・クラスルームのように共同編集で

きるもので、左の表のようにグループで書き込む活動に取り組ませる。

| 書いてあること | 自分がしたこと |
|---|---|
| こなをはちみつにまぜる | ぼくも、くすりがきらいだから、あまいゼリーに入れてのんだ。 |
| あいさつして、おぼえてもらう | わたしも一年生のころ、自分からあいさつをして友だちができるようにがんばった。 |

友達の体験に触発され、自分の体験も振り返る。そうやって記述と体験を結び付けていく学習も低学年では大切にしたい。

## 4 内容を押さえ学びを広げる

単元の後半、子供たちが文章の内容をある程度、把握した段階で、もう一歩、深めたい。

### 〈比較する〉ことで内容理解を深める

例えば、東京書籍の『かさこじぞう』の学習では、図書室にあった絵本『かさじぞう』と比較し、「どちらのお話がおもしろいか」を話し合った。

今回は、端末を活用し、〈動物園の獣医の仕事〉（周南市徳山動物園）の動画を視聴させ、

### 教科書の内容と同じこと・ちがうこと

を書き出させる学習に取り組んだ。

教室のテレビで一斉に視聴してもいいが、一人一人自分の端末で見るようにすれば、自分のもう一回見たいところを見直すことができる。

全体の内容を振り返ると共に、新たな情報を知ることで、興味関心をさらに引き上げることができる。

| おなじこと | ちがうこと |
|---|---|
| ○朝の見回りはどうがでもやっていた。 | ○ぞうさんが出てきた。 |
| ○こまっているどうぶつをたすけていた。 | ○おれたキバをにおいで、だいじょうぶか見ていた。 |
| ○何人かで、しごとをしていた。 | ○お風呂には入っていなかった。 |

端末を活用することで、体験や考えを共有し、よりビジュアルに、効果的に学習を進めることができる。

【思・判・表等　B書くこと】

# 観察は写真に撮って見て書くから、詳しく書ける

▼徳本孝士

## 1 かんさつ名人になろう

### (1) 実際の授業　一時間目

二年生、光村の教科書に載っている六月の単元である。

> 指示1：育てている野菜の写真を、端末で撮ります。
> 指示2：撮ってきた野菜の写真をミライシードで読み込みます。
> 指示3：野菜を見て、気がついたことを、指で書き込みます。
> 指示4：オクリンクで先生に送ります。
> 指示5：みんなの感想を見て、発表しましょう。

## （2）実際の授業　二時間目

> **指示1：端末で、昨日の写真を見ながら、文章を書いていきます。**

実際の子供たちの作品である。

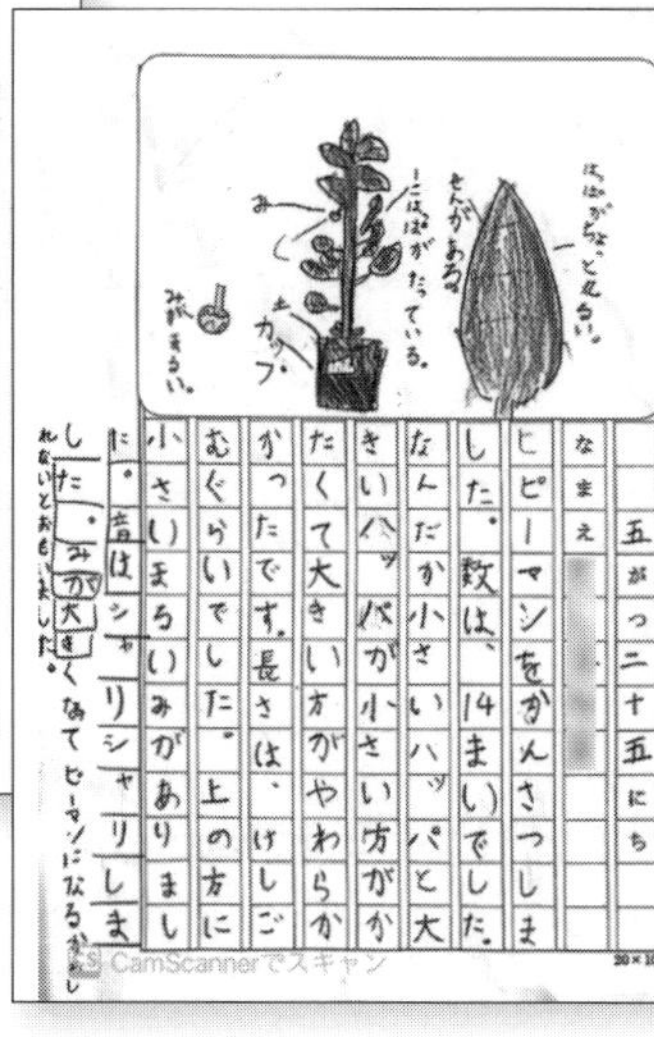


## （3）学習ガイド

教科書に次のガイドが載っている。

> **1　かんさつするものをきめて、ていねいにかんさつする。**
> **2　見つけたことや気づいたことをともだちと話す。**
> **3　かんさつしたことをきろくする文しょうを書く。**
> **4　書いた文しょうを読みあう。**

ここのメインの活動は、「3　かんさつしたことをきろくする文しょうを書く」である。他の活動は、簡単に教科書を読む程度で扱っていく。

## （4）授業の流れ

> **一時間目　教科書の学習ガイドを読んで、見通しを持つ。**
> **二時間目　育てている野菜の写真を撮る。ミライシードで共有する。**
> **三時間目　端末で撮った野菜の写真を見ながら、観察文を書く。**
> **四時間目　お互いの作文を読み合う。**

### （5）書くことが苦手な子供への支援

写真を見ながら書くことで、鉛筆が止まってしまう子供へ対応ができる。

絵を描くことが苦手な子供には、端末からその子供が撮った写真を印刷したものを貼ることで、文章を書くことに集中できる。

文章を書くことが苦手な子供には、子供が話したことを、教師がドキュメントに打ち込み、それを見ながら作文用紙に写すことができる。

このように端末を活用することで教師の少ない負担で、苦手な子供たちにも支援ができる。

### （6）写真を見ながら書くことは他の活動にも応用可

二年生だと、本単元以外にも、運動会や遠足、町探検などで作文を書く機会が多くある。

その際も写真を端末で見ながら、書くことができる。

例えば、生活科の町探検で端末を持って、探検に行く。教室に戻ってきて、探検で撮った写真を見ながら、作文を書く。といったことが可能である。

次は、子供たちの、実際の作品である。

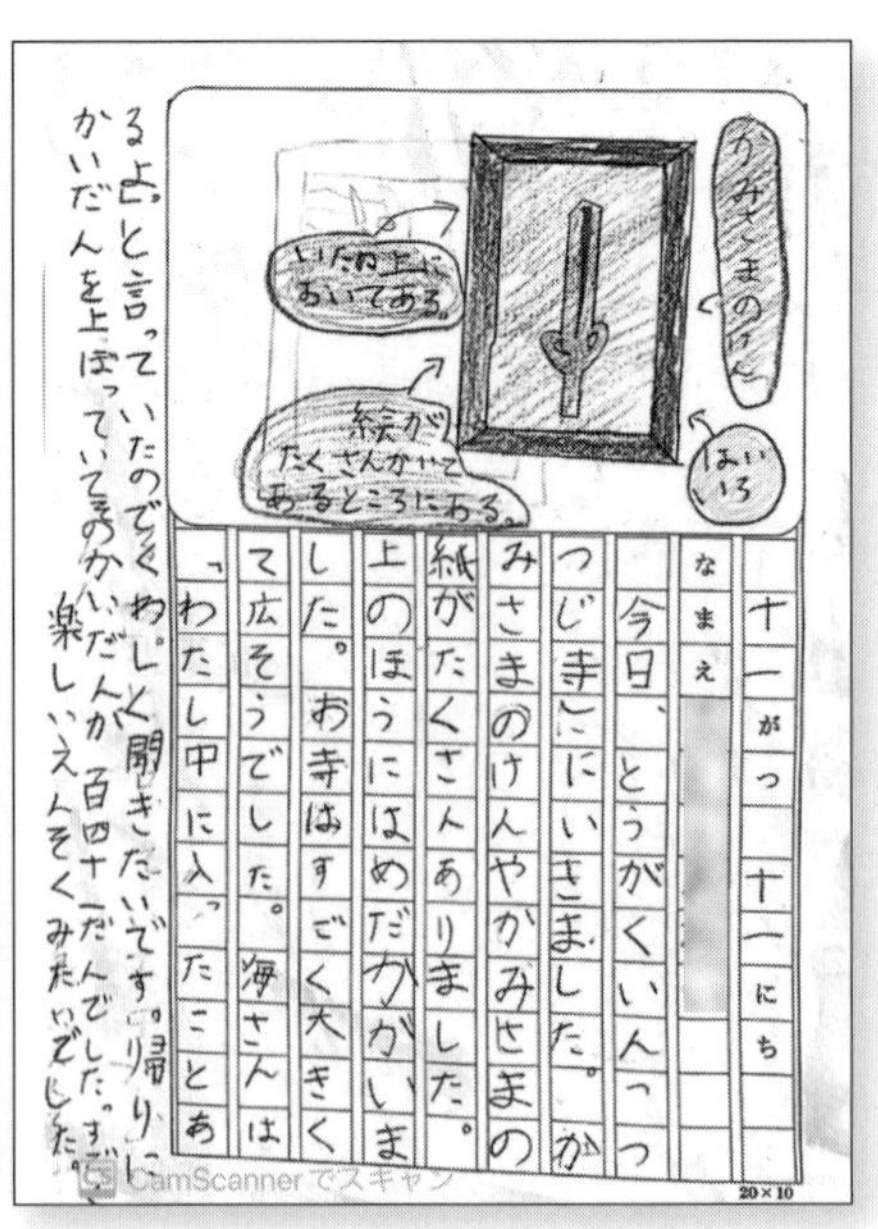


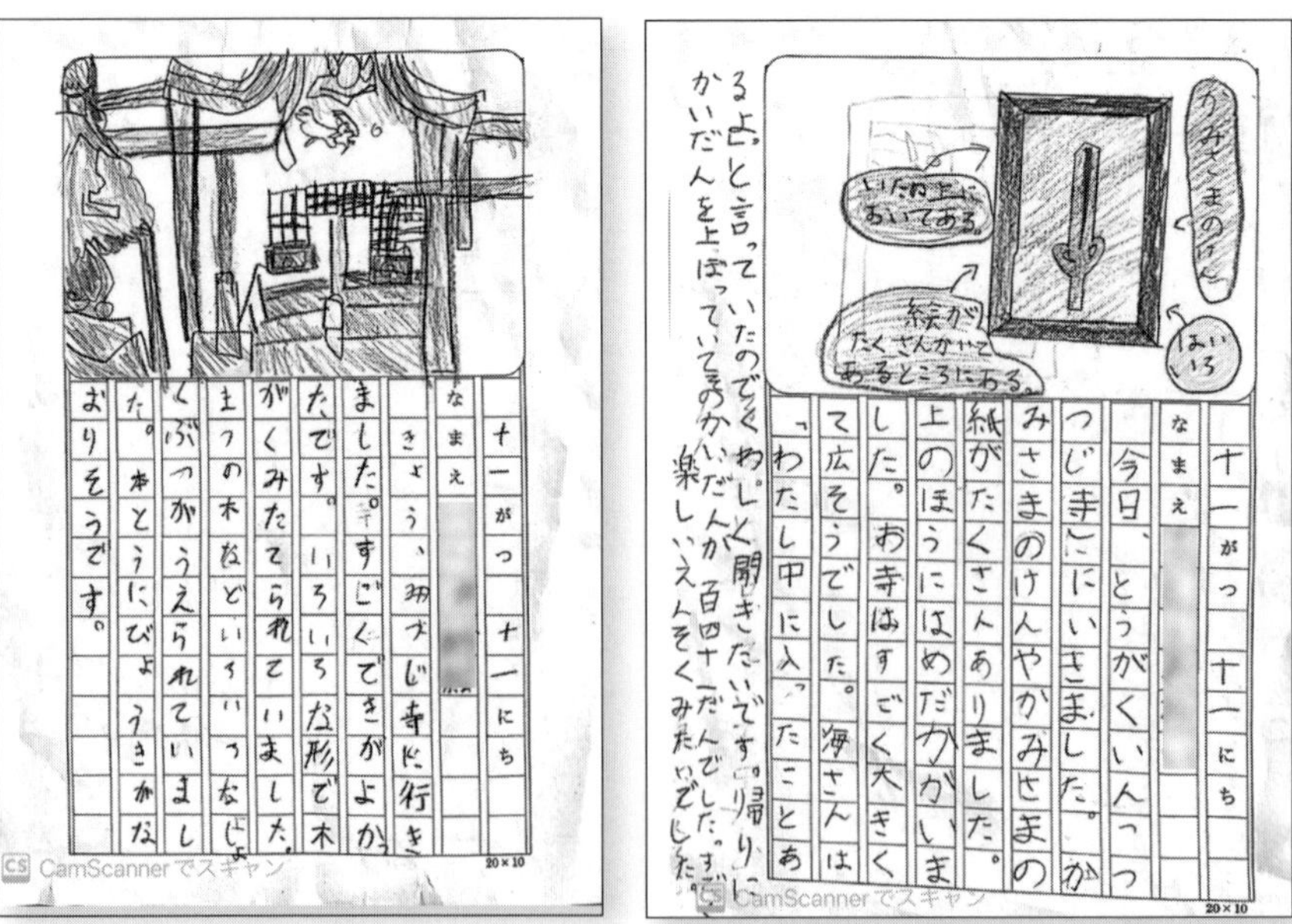

### (7) 詩をつくろう

二年生の二月の単元に、「詩をつくろう　見たこと、かんじたこと」がある。

六月には、観察文を書いていたが、二月には、詩を作る。この授業は、学校が、感染拡大のため休業中に、非同期型のオンラインで、二年生に対して行った授業である。

教師が子供たちに、Google Classroom を通して、次のように課題を出した。

1　作文用紙に詩を書きましょう。
2　しゃしんをとりましょう。
3　ジャムボードにはって、てい出しましょう。

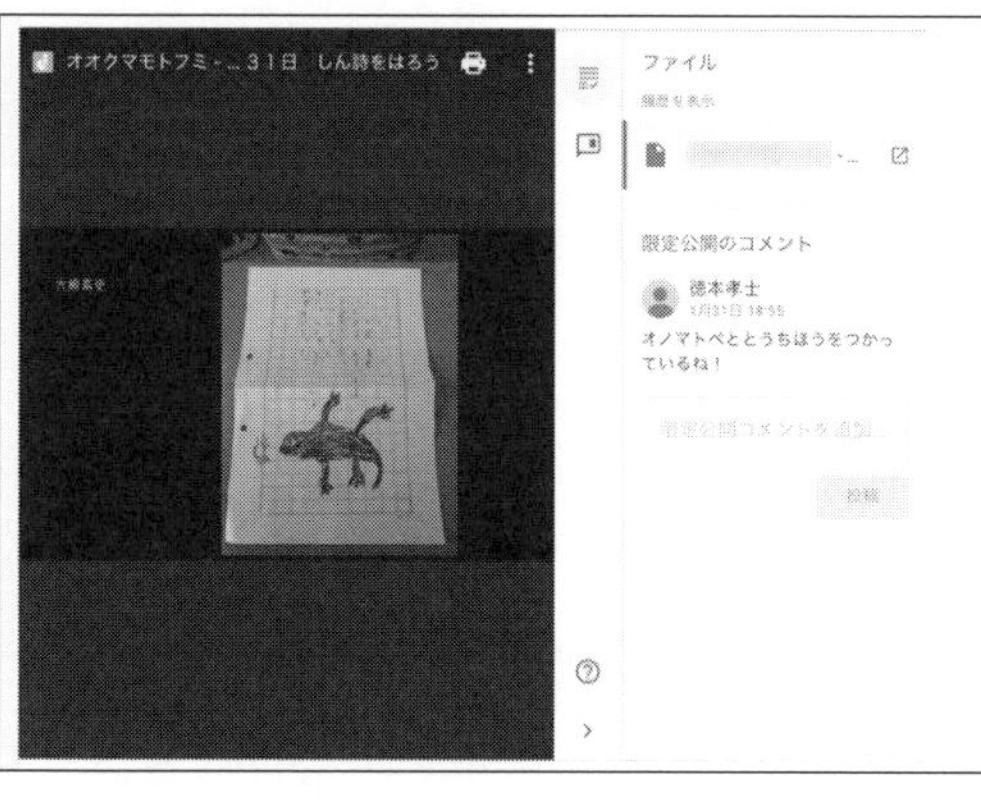


次のような流れである。

まず、Google Classroom 内で Jamboard を子供たちに配付する。
次に、子供たちは、原稿用紙に詩を書く。
そして、書いた詩を Jamboard に貼って、提出する。
教師は、提出された Jamboard を見ながら、学級通信に書く。
子供たちは、学級通信を見て、お互いの作品を読み合う。

細かな指示が可能な教室での授業であれば、二年生でも一枚の Jamboard に、子供たちが、作品を次々に貼り、お互いに読み合うことができる。また、それに、感想を付箋で貼ることもできる。

この授業は、同期型でも、非同期のオンラインによる授業であっても、可能である。

「カンジーはかせの大はつめい」

## 【知識・技能 (3)言語文化】
# ジャムボードを活用
## 選んで動かし、楽しく覚えられる

▼三浦宏和

低学年の国語の授業でICTを活用する利点として、例えば次のようなことがある。

**何度でも繰り返せる**
**修正が容易である**
**画面上のカードを並べて動かせる**

これを頭に入れて活用していきたい。

### 1 ジャムボード

Jamboard（以下、ジャムボード）は、Googleが提供している電子ホワイトボードツールである。「手書きする」「文字や図を差し込む」「付箋を貼る」といった機能がある。

詳しい機能の説明はQRコードから参照。

「付箋を貼る」機能では、写真のような分類ゲームや並び替えゲームができ、楽しんで学習に取り組むことができる。

カタカナで書くことば
どうぶつの鳴き声　ワンワン　ニャー
いろいろなものの音　ガラガラ　ビュービュー　ゴーン
外国から来たことば　コップ　メダル
外国の　国や土地　人の名前　ロンドン　エジソン　インド

光村図書の『カンジーはかせの大はつめい』（104・105ページ）では、二つの漢字を合体させた漢字を考える学習（門と日で間など）や、漢字を組み合わせて熟語をつくる学習をする。

その際に、漢字カードをジャムボード上で操作させて組み合わせをいろいろと試すことができる。子供たちは楽しみながら理解することができる。

また、子供自身が漢字のカードを作って組み合わせることもできるので、熟語の語彙を増やすことも可能である。できた熟語をテレビに映し出して次々と発表させるとよい。

ジャムボードの利点は、クラウドベースであること。すなわち、みんなで同じ画面を操作できる、リアルタイムに内容を共有できる、ことである。
お互いのものを見ながら、自分のものを考えなおしたり、修正したりすることができる。

主語と述語も、子供たちが間違えやすい単元である。「主語」「述語」ともに初めて習う概念であり、それだけ定着には時間がかかる。ゆえに「何度でも繰り返せる」利点のあるICTを活用していきたい。

はじめは、ノートに書かせながら主語と述語について学習をすすめる。そのうえで、習熟が図れるように、ジャムボードを使って、正しい主語と述語の位置を理解できるようにさせていく。

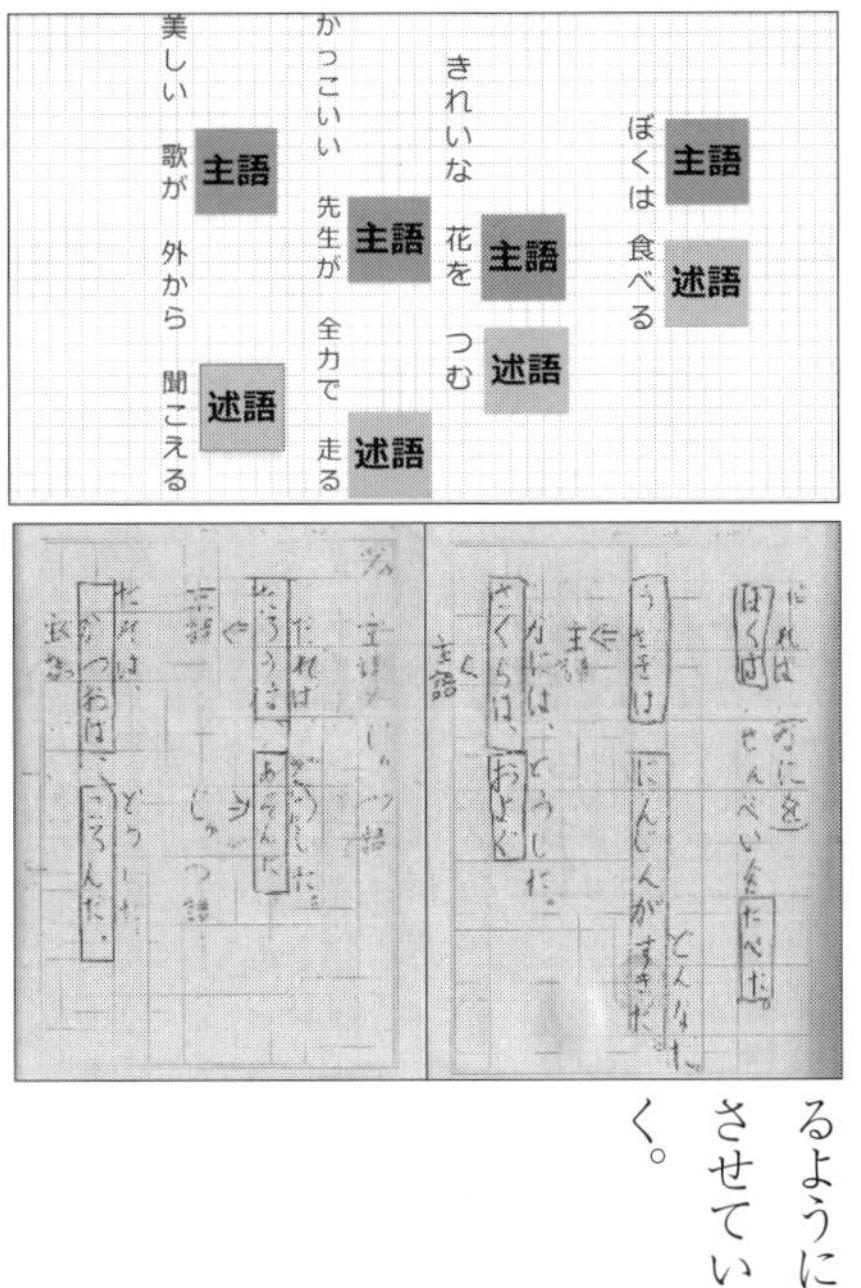


## 2 漢字アプリ

漢字スキルや漢字ドリルにQRコードが記載されていれば、それを読み取ることで、書き順をアニメーションで確認することなどができる。下のQRコードは、光村教育図書の「あかねこ漢字スキル」のデジタルサポーター説明ページにリンクしている。

また、各種漢字アプリには手書きで漢字の練習ができるものもあり、早く終わった子供への課題として取り組ませるのも有効である。

## 3 「お列長音」の授業

「おとうさん」(おとーさん)「おうむ」(おーむ)「とうだい」(とーだい)「おうぎ」(おーぎ)のように、「お」で伸ばす言葉を「お列長音」と言う。

伸ばす部分が「お」と「う」のどちらで表記をしたらよいのかを理解させる授業を紹介する。

なお、こういった授業では、パワーポイントやキーノートを使って、わかりやすく資料提示することで、理解を助けることにつながる。

問題を出します。ノートに①、②と一行おきに書きます。先生がこれから出す言葉を全部ひらがなでノートに書きます。

(1)大通公園を掃除した。

(2)王様が氷の固まりを放り投げた。

(1)おおどおり　こうえん　を　そうじ　した。

(2)おうさま　が　こおり　の　かたまり　を　ほうりなげた。

である。お列長音の部分は色を変える。

「お」で伸ばす言葉は、大人でも間違えてしまうことがあります。ではなぜこのようになったのでしょうか。

大昔にさかのぼります。

百人一首という歌の中にそのヒントがあります。

おほえやま　いくののみちの　とほければ

まだふみもみず　あまのはしだて

今の仮名遣いに直すと変わる文字があります。

先生がもう一度ゆっくり読みますから、二つ見つけてください。

何という文字ですか。ノートに書きます。

「ほ」である。

「おおえやまやま」おおきいのおお、「とおければ」とおいという文字ですね。

これらの字は長い間このまま、使われていました。

今から百五十年ぐらい前に変わりました。

明治時代になると、今のような文字の表記に変わった。例えば「こおり」は、昔は「こほり」と書いていた。

これを「歴史的仮名遣い」という。その歴史的仮名遣いから現代の仮名遣いになっていった時にそのなごりが今でも残っているのである。

ちなみに、お列長音の言葉は何万語とあるが、ほとんどが「う」で表記し、「お」を使う言葉は、二十六（筆者調べ）しかない。

昔の人は、

とをる（通る）

↓

とおる

日本語には、「おー」と伸ばす言葉が何万語もありますが、ほとんどが「おとうさん」のように、「う」で書きます。普段使う言葉で「お」で書くものを紹介します。

とおく　おおきい　こおり　ほおずき
こおろぎ　おおい　おおかみ　とおる　とお（十）
ほのお　おおう　おおやけ　もよおし

大人もよく間違う言葉である。しかし、次の覚え歌を暗唱してしまえば、お列長音の間違いはしなくてすむ。

「多くの狼」（画面で見せる）
早口で三回言います。
「通（とお）っていった。」（狼が動く）
これも、早口で三回言います。つなげて言います。
「多くの狼　とおっていった。」
何をつれて通っていったのでしょう。

「ほおずき」という植物があります。（画面で見せる）
「ほおずき」と言ってみましょう。

これをコオロギがくわえています。

「ほおずき　くわえたコオロギです。」（画面で見せる）

つなげます。

「ほおずき　くわえたコオロギつれて、多くの狼通っていった。」みんなで言いましょう。

どこを通っていったのでしょう。


遠くの大きな氷の上でした。

「遠くの大きな氷の上をほおずきくわえたコオロギつれて、多くのオオカミ通っていった。」（とおくのおおきなこおりのうえをほおずきくわえたこおろぎつれて、おおくのおおかみとおっていった。）

言ってみましょう。覚えるまで何度も言いましょう。


時間があれば、暗唱できた子を前に出させて発表させる。

また、次の時間は、これらのお列長音の言葉を使って文作りをすると学習内容がより定着する。

ひらがな

【知識・技能 ⑴言葉の特徴や使い方】

# 文字が身に付く平仮名・片仮名のページの教え方ガイド

## 指書き・空書き・なぞり書き・写し書き

▼篠崎栄太

## 1「全部の読み書き」ができること

### (1) 平仮名を教える順番

一般的には「入学前に自分の名前が書ければよい」と言われている。

実際、平仮名は全て幼稚園で習ったという子もいれば、名前ぐらいなら書けるという子もいる。

もちろん、ほとんど何も書けないまま入学してくる子もいる。

いろいろな子供がいる教室で、最初に習う平仮名は何か。それは、

> **学校、先生、教科書によって様々であり、決まっていない**

が答えだ。

学習指導要領には、

> **平仮名及び片仮名を読み、書くとともに、片仮名で書く語の種類を知り、文や文章の中で使うこと。**

とだけ書いてあり、その解説には、

> **平仮名の読み書きについては、各教科等の学習の基礎となるものであり、第1学年でその全部の読み書きができるようにする必要がある。**

と書いてある。

したがって、「一年生のうちに」「全部」ということだけが決まっているのだ。

### (2) 指書き、なぞり書き、写し書き

書字指導の基本を先に記しておく。

それは、向山洋一氏が「向山式漢字習得システム」として提唱した漢字の練習方法である。

「あかねこひらがなスキル」(光村教育図書)にもその

システムが反映されている。

## (3) 指導の実際

教科書(光村)に出てくる順で教えるなら、最初に出てくるのは「いちねん」の「い」である。

運筆の練習を十分に行ったのちに、いよいよ平仮名を教える。

ここは、「あかねこひらがなスキル」のような教材を併用したい。

| **指書きをします。**<br>**指書きというのは、文字を指で書くことです。**<br>**指書きが上手にできるようになったら、鉛筆を持ってもらいますからね。** |
| --- |

一年生は「お勉強」がしたくてたまらない。やる気満々である。だからこそ焦らず、丁寧に、優しく、楽しく教えることが肝だ。

| **スキルの大きい字の上で「いーち、に」と言いながらなぞってごらんなさい。** |
| --- |

上手にできたらうんとほめてやる。

指書きのポイントは、「画数を唱えながら」行うことだ。

ここで、「はねる」と「とめる」を教える。

| **「いーち」ではねた人?**<br>**これを「はねる」と言います。** |
| --- |

| **「に」でとめた人?**<br>**これを「とめる」と言います。** |
| --- |

「もう一度、上手にできるかな」、「目をつむっても書けるかな」などと言いながら、できるたびにほめていく。

「はね」や「とめ」を意識した書き方になる。

次に、空書きをする。

| **みんなが正しく書けるか確かめます。**<br>**先生に向けて指を出します。**<br>**大きく書いてごらんなさい。**<br>**これを「空書き」と言います。** |
| --- |

みんなで「いーち、に」と空中に書く。

**みんな合格。鉛筆を持ちます。**

ここで初めて鉛筆を持ち、スキルの薄い字を丁寧になぞらせる。なぞり書きという。

**薄い字から落っこちないようになぞります。**
**三つ書けた子は持っていらっしゃい。**

姿勢や鉛筆の持ち方をほめる。スキルを持ってきたら丸をつけ、残りの三マスに書かせる。ここに薄い字はないので、写し書きである。

**お手本と同じように書いてごらんなさい。**

ここまでが平仮名指導の基本的な手順だ。子供の様子を見ながら、一日に一字～二字を教えるとよい。

一学期の終わりまでには終わる。

次いで、片仮名が出てくるのは二学期。九月である。「かたかなを　みつけよう」という単元で、「コップ」の「コ」からスタートする。

これも平仮名と同様の指導で、習得させる。

### (4) 黒板に大きく書く

平仮名や片仮名を教えるとき、先生が黒板に手本を書くだろう。三十～四十センチ四方ぐらいの「一マス黒板」を使うだろうか。私は、

**先生が書く手本は大きくてよい。**

と考えている。

子供はその方がはっきりと見られ、細かい部分を捉えやすい。

また、空書きをするときに黒板の手本が役に立つ。

しかし、四六字とも同じように練習をするのでは、さすがに子供が飽きてしまう。

そこで、黒板を見せながら、

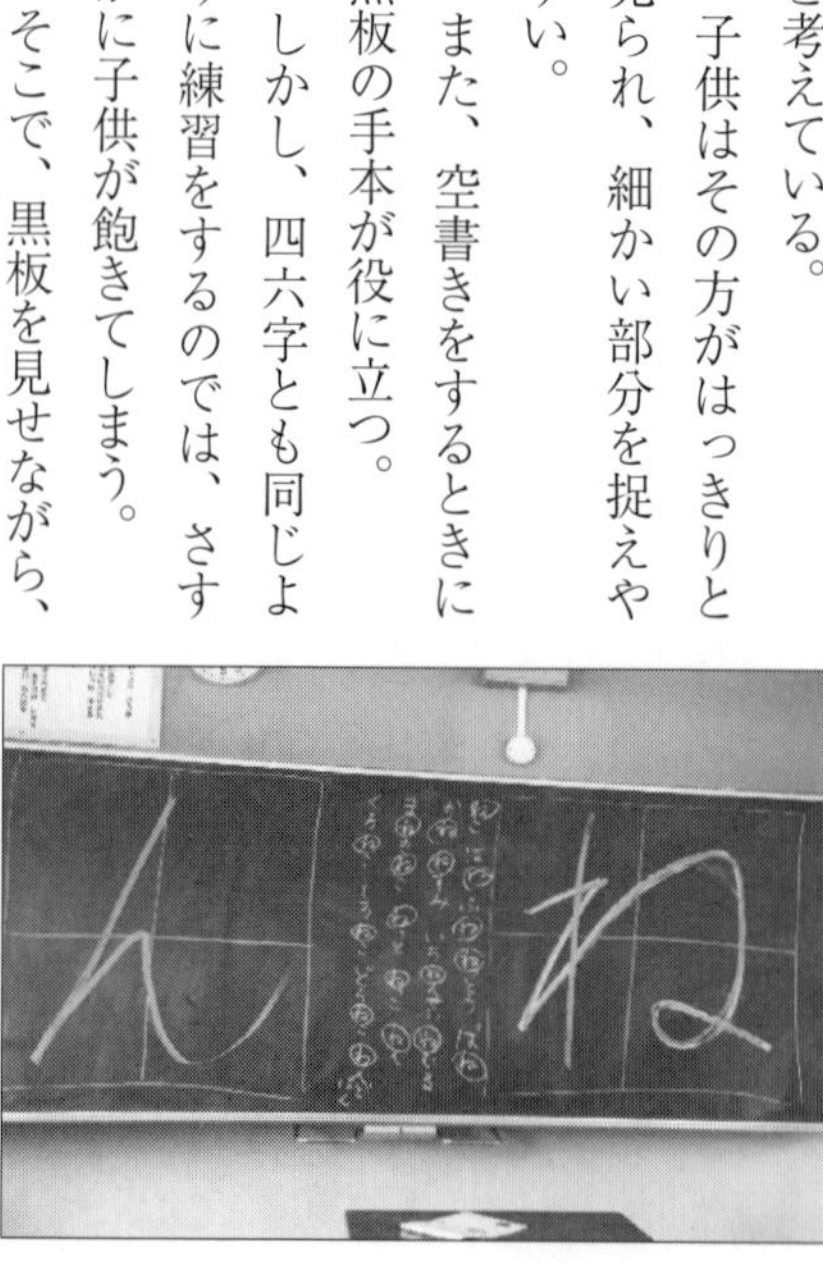

・指三本で書いてごらんなさい。
・手をグーにして書いてごらんなさい。
・窓ふきのように書いてごらんなさい。
・頭で書いてごらんなさい。
・体全体で書いてごらんなさい。

などと変化をつけることで、楽しみながら何度も練習ができる。

**(5) 音節を意識させる**

平仮名を学習したら、その平仮名がつく言葉を集めさせたい。

スキルや教科書のイラストをヒントにさせながら、たくさん発表させる。

それを教師が黒板に書いていく。

そして、それらの言葉を、

**手を叩きながら言わせる**

という活動をさせる。

平仮名、片仮名は一音一文字の原則がある。

その言葉が何音からなっているのかを捉えることができなければ、書くことができない。

**(6) 文字を書くことの難しさ**

小学一年生の子供たちにとって、平仮名や片仮名を書くことがどれだけ難しいのか。

左下の表には、平仮名を書くときの「難しさ」が表されている。

基本的に横線と縦線で構成されている文字は易しい。

平仮名は片仮名よりも回転、屈曲、斜めなどの要素が多く含まれている。

よって平仮名を学習する前の運筆練習が大切である。

**ひらがな書字難易度表**

| 難易度 | 分類基準 |
|---|---|
| 難易度1<br>い・け・こ・に・た・り（6文字） | 横線と縦線で構成されている文字 |
| 難易度2<br>う・お・か・き・さ・し・せ・ち・つ・の・も・ら（12文字） | 画数が少なく曲線のある文字 |
| 難易度3<br>す・な・は・ふ・ほ・ま・み・む・や・よ（10文字） | 画数が多く回転のある文字 |
| 難易度4<br>く・て・と・ひ・へ・ゆ・る・ろ・を（9文字） | 線が屈曲し斜めの要素がある文字 |
| 難易度5<br>あ・え・そ・ぬ・ね・め・れ・わ・ん（9文字） | 複雑な要素のある文字 |

鴨下 賢一著『発達が気になる子への読み書き指導ことはじめ』（中央法規出版）参考

「はなす・きく」

【思・判・表等　A話すこと・聞くこと】

# 話す聞く力がつく対話のページの教え方ガイド

## 「フォーマット」を使って対話をする

▼篠崎栄太

### 1 光村二年「はなす・きく」学習

#### （1）一年生までに学んでいること

- みんなに聞こえる声ではっきりと話すこと。
- 次のことを考えながら友達の話を聞くこと。
（おもしろいところ、驚いたこと、もっと知りたいこと）
- 友達の話を確かめたり、わからないことを聞いたりすること。

一年生では、友達に楽しいことを聞き、それについて質問したり、学校にあるものから問題を出し合ったりする対話の学習をしている。

そこでの経験が二年生につながっている。

#### （2）「話す・聞く力」をつけるためには

単元での活動だけでなく、「話す・聞く力」をつけるためには、

**日常からのトレーニング**

が必要である。

「みんなに聞こえる声ではっきり話す」ということは、決して簡単なことではない。人前で話すためには、子供がそれなりの自信をもっていなければならない。それを可能にする手立ては、

**①教科書の音読をたくさんさせること**
**②ペアや班での対話を授業に多く取り入れること**
**③スピーチをする機会を積極的に設けること**

などである。

①教科書の音読では、一斉読みや、一人で音読する活動を通して、「みんなに聞こえる声ではっきり話す」ための土台となる力をつける。毎日行うことで徐々に力がついてくる。毎日取り組んだことしか力にならない。

また、「話す・聞くスキル」（正進社）のような音読教材を活用するのもよい。この教材では、様々な状況での話

し方や聞き方を学ぶことができる。
②ペアや班での対話は、人前で話すまでのステップとなる。日ごろの授業でことあるごとに取り入れれば、子供同士で当たり前に話せるようになっていく。
また、その時には「間違ってもよい」、「何を言ってもよい」という雰囲気を子供が感じられていることが大切だ。
③スピーチは、朝の会や授業の合間などに取り組ませる。自己紹介をしたり、好きなものについて話したり、なぞなぞを出したり、教師がお題を設定するとよい。
このように、日常的な手立てを重ねて、「話す聞く力」をつけるための土台をつくる。

そのうえで、「はなす・きく」学習をするときには、絶対に必要な条件がある。

**原稿やメモが子供の手元にあること**

である。

これは、教師が文章の話型、フォーマットを示してあげるとよい。ノートでも、ワークシートでもよい。

何を話すのか、何を聞くのかということがはっきりとしていなければならない。

## 2「ともだちを　さがそう」（メモ）

★大事なことを落とさずに、お知らせを聞いたり、お知らせをしたりすることを目標とする単元である。

### (1) 絵を見て話す

**絵の中に、どんな人がいますか。**

と、全体の様子を確認する。
・観覧車に乗っている人
・ジェットコースターに乗っている人
・風船を持っている人
など自由に話をさせる。

### (2) メモをしながらお知らせを聞く

**「まいごのおしらせ」というお知らせを聞きます。メモを取ってもよいです。**

お知らせにあったようにゆかさんを探しましょう。

**(3) 自分でお知らせをする**

次に、みんなからお知らせをしてもらいます。
そこで、もう一度どのような内容だったかを聞きましょう。

**「まいごのおしらせ」をするときは、どんなことを言えばよいですか。**
**・年齢　・性別　・服装（色や模様）　・持ち物**

などが必要であることを確認する。

また、お知らせで聞いた内容をフォーマット（話型）として、教師が指定した人物で「まいごのおしらせ」文を作ってみる。それができたら、他の人物でも、お知らせの文を作成し、友達とお知らせを出し合う。

## 3「あったらいいな、こんなもの」（質問）

★相手との質疑を通して、よりわかりやすい紹介文を書くことを目指す。

**(1) あったらいいなと思うことを絵に描く**

イメージを広げるため、教科書のイラストを扱う。

・猫と話すことができるヘッドフォン
・高くジャンプすることができる長靴
・空を自由に飛ぶことができる羽

**あったらいいなと思うものを絵に描きましょう。**

絵を描いたあとは、それを考えた理由、できることや大きさなどをメモさせておく。まだ紹介文を書かせない。

**(2) 質問をし合う**

**どうしてそれがあったらいいなと思ったのですか。**
**どんなことができるのですか。**
**大きさはどれぐらいですか。**

などの質問をし合う。「どうして」「どんな」「どれぐらい」などがキーワードとなる。

あらかじめメモしておいたこと以外の質問がされる場合もある。うまく答えられない時は、「まだ考えていません」などと答えればよいと指導しておく。

質問し合うことで相手（読み手）がどのようなことを

知りたいかを知ることができる。

**(3) 紹介する文章を書く**

質疑を通して聞かれたことや話したことをもとにして、紹介する文章を書く。「です」「ます」などの丁寧な言い方になるよう指導する。

**(4) 発表し感想を伝え合う**

「あったらいいな、こんなもの」発表会をして、相手の良かったところや感想を伝え合う。

## 4「そうだんにのってください」(話し合い)

★一つの話題に対して、様々な考えを出し合い、話し合うことを目的とする単元である。

**(1) 話題を決める**

**友達に相談してみたいことを考えましょう。**

と言っても、漠然としているので、考えにくい。

教科書の例示を参考にするか、子供の実態に合わせて教師がいくつか提示するのがよい。

**読書の時間におすすめの本は何か。**
**町探検でパン屋さんに何を聞いたらよいか。**

などがある。「話題の決め方」や「話し合いのしかた」を学びやすい話題を選ばせたほうが、学習を進めやすい。

**(2) 話し合いのしかたを確かめる**

教科書のロールモデルを繰り返し読ませるとよい。

QRコードを読み取れば動画を見ることもできる。

**(3) グループで話し合う**

考えを述べるときは、理由をセットにするよう指導する。次のような話型を提示するとよい。

**〜だと思います。なぜなら、〜だからです。**

グループ内で順番に考えを出し合ったり、友達の考えとの共通点、相違点を確かめたりする。

**(4) 話し合ってよかったことを伝え合う**

相談してよかったことや、友達の「話し方」や「聞き方」で真似したいところを振り返る。

「たぬきの糸車」

# 【思・判・表等 C読むこと】読む力がつく 物語ページの教え方ガイド

▼岡 孝直

## 「好きなところが分からない」

「お話を音読して、好きなところを見付けよう」と学習指導書に載っている。第一発問である。

子供たちはどう反応するだろうか。おそらく多くの子供は、

と感じるだろう。物語を読み、分析する視点がないからだ。ステップが大きすぎるのである。

言葉の違いから感情が読み取れる。気持ち・行動を分けて考え、変化に気付く。

このような分析の視点を用いて考えてこそ、物語の奥深さが分かるのである。

そこで「たぬきの糸車」の展開を以下のように示す。

①系統性をもとに、与える分析の視点を決める。
②必要な視点を与えるための、発問・指示などを記す。
③視点を与えた上で、「好きな」ところを見付ける。

## 1 系統性をもとに、与える分析の視点を決める

「たぬきの糸車」の前の物語文には、「やくそく」、「くじらぐも」がある。登場人物になりきって読んだり考えたりする。登場人物に自分を投影する学習である。

前の二作品と比べ、「たぬきの糸車」は、登場人物の気持ちが変化していく、場面の切り替えがはっきりしている、という特徴がある。すなわち

### 「起承転結」

が分かりやすい作品である。一年生でお話のまとまりを感じる学習をするのだ。場面と場面を結び付けたり比べる学習（光村・四年・ごんぎつね）や、構成を読み取る学習（光村・六年・やまなし）につながっていく。

学習指導書にある物語の構成に関する記述をまとめると以下のようになる。

（光村・小学校国語　学習指導書より抜粋）

| 学年 | タイトル | 構成に関する記述 |
|---|---|---|
| 一年 | たぬきの糸車 | お話にはいくつかのまとまりがあることを理解する。 |
| 二年 | スイミー | 書いたものをお話の順につなげる。 |
| 三年 | まいごのかぎ | 出来事の起こる後と前で、登場人物はどう変わったかを読み取る。 |
| | ちいちゃんのかげおくり | 場面と場面を比べて、人物の様子や出来事の違いと、その理由について考える。 |
| | 三年とうげ | ①始まり　②出来事（事件）が起こる③出来事（事件）が解決する④結び、組み立てを捉え、登場人物の考えや、気持ちの変化を読み取る。 |
| 四年 | ごんぎつね | 場面と場面を結び付けたり、比べたりして、気持ちの変化を捉える。 |
| | プラタナスの木 | 場面の移り変わりに気を付けて読み、登場人物の気持ちや考え方が表れている部分を見付ける。 |
| 五年 | 名まえつけてよ | それぞれの場面の、互いに対する心情を想像する。 |
| 六年 | やまなし | 構成（作者が作品に込めた思いを考える） |

「好きな」ところを決め、お話のまとまりを感じるために、まず、

**登場人物や中心人物を確定する**
**一番気持ちが変化するクライマックスを見付ける**

という二つの視点を大切にしたい。気持ちの変化を捉え、お話のまとまりを把握することができるからだ。

## 2 必要な視点を与えるための、発問・指示

何度も音読をした後に、

> **「登場人物はだれかな。3人います。全て書いてごらん」**

と発問・指示をする。発表させ、出た意見は全て板書する（もしくは子供に板書させる）。

登場人物とは気持ちが描写され、台詞や（人のように）行動が描かれる人物である。確認した上で、

> **「この中で、おかしいと思うものを言いなさい」**

と発問する。登場人物がおかみさんやたぬきが出てくる。

> **「中心人物（主人公）はだれですか。ノートに書きなさい」**

と発問する。お話の中心となった人物を探すことになる。ここは意見が分かれる。大半が「たぬき」だという。

しかし文章から証拠を見付けようとすると子供が気付く。たぬきの気持ちの描写はほとんどない。おかみさんの気持ちは場面ごとに必ず描かれている。

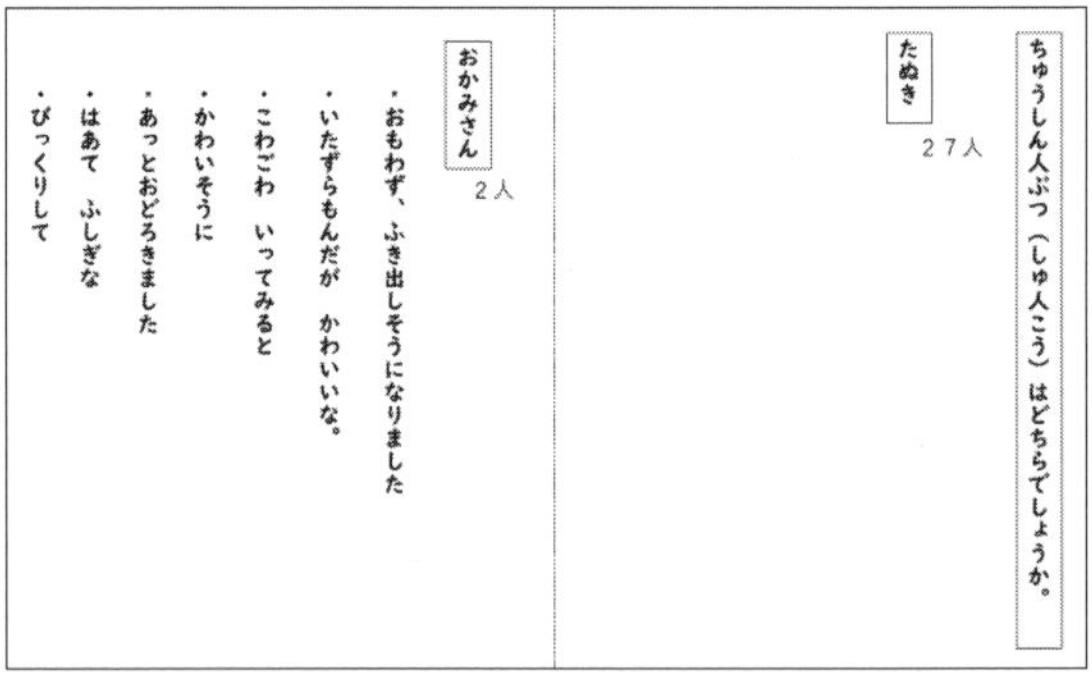

ちゅうしん人ぶつ（しゅ人こう）はどちらでしょうか。

たぬき　27人

おかみさん　2人
・おもわず、ふき出しそうになりました
・いたずらもんだが　かわいいな。
・こわごわ　いってみると
・かわいそうに
・あっとおどろきました
・はあて　ふしぎな
・びっくりして

中心人物は「おかみさん」と考えられる。多くは驚き、「おかみさん」と選んでいた子供は大喜びである。

場面ごとに気持ちの変化を捉えていく。にくめなかったり、かわいかったり、ちょっと怖かったり…。おかみさんの気持ちは様々変化している。

> **「一番気持ちが変化している場面は、何場面ですか」**

と問う。クライマックスの場面だ。気持ちの変化を丁寧に捉えていると、ほとんどが三場面、すなわち「転」の場面を選ぶ。

## 3 視点を与えた上で、「好きな」ところを見付ける

「好きな場面を選びなさい。ノートに理由を書きなさい」

二つの視点をもった上で、好きな場面を選ぶと、自然とおかみさんの気持ちに注目しながら、選ぶことができる。

わたしは、「ふしぎなこっちゃ」といったところがすきです。こわいとおもってたのに、たぬきを見てふしぎな気もちにかわったからです。

子供のノート（例）

ここに教科書画像を入れる。

こわいからかわいそう
にかわるのがおもしろい

**一人一台端末を用いて、交流する**

のも面白い。

Google Jamboard に教科書を背景として貼り付ける。

ペンで好きな部分を囲ませ、理由も書かせて、「Google Drive」提出させることで、友達の意見をいつでも見ることができる。

Google Jamboard の使い方・共有のさせ方はこちらから↓

学級の子供の多くは、好きな場面に「ふしぎ」に思ったところを選んだ。たぬきが糸車を回しているのをみてビックリする、「転」の部分を選んでいた。

最初の感想を児童に書かせたときには、

**たぬきがかわいそうだった。**
**なんだかこわいところがあった。**
**とんだのがおもしろかった。**

などと書いていた。気持ちの変化を読み取った感想は見られない。

登場人物・中心人物や、クライマックスといった分析する視点を与えることで、気持ちの変化に気付き、読むことができたと考えられる。物語に初めてふれる、低学年から分析の視点を与えておくことが重要である。

【思・判・表等 C読むこと】

# 低学年は「問い」と「答え」基本構造の理解が書く単元にも繋がる

▼堂前直人

本書の拙稿（一年生説明文の授業実例）に次のような項目を立てた。

（1） 何度も何度も覚えるくらい読む
（2） 説明文の基本①「問い」
（3） 説明文の基本②「答え」

この三段階が、説明文指導の一番基本的な骨格になるだろう。

このページでは、この骨格をもとに、一年生「じどう車くらべ」を例に説明文の展開の仕方を紹介する。その後の「どうぶつの赤ちゃん」でも活用できる。

なお、一時限の国語の授業の中で新出漢字の練習等も行うことから、教科書の教材の読解に使用する時間は一時限で三〇分程度を想定している。

**光村一年生「じどう車くらべ」**

第一・二時　音読
①範読　1回
②追い読み　3回（スピードを変えながら）
③先生子供一文交代読み　2回（先後交代して）
④男女一文交代読み　2回（先後交代して）
⑤窓側廊下側一文交代読み　2回（先後交代して）
⑥列交代読み　1回
⑦一人読み　1回

バリエーション豊かに、次々と読ませていく。第三時以降も、最初に音読を行う。スピードを速くしたり、読む際に体を「窓に向けたり」「後ろを向いたり」と変化をつけることで、飽きさせずに何度も読ませる。先生がわざと間違えて、子供たちには正しいものを言わせる「ダウト読み」も人気がある。

**【音読の変化のポイント】**
①声の大きさ
②スピード
③読む人数

**第三時**
①音読
②「いろいろなじどう車」の確定

**【指導例】**

このお話には、どんな自動車が出てきましたか。

ノートに書いてごらん。

書いたものを一つ言ってごらん（板書していく）。

おかしいなというものは、ありませんか。どれがおかしいのか、お隣に話してごらん。

どれがおかしいのか、聞いてみます（一つ挙手させる）。

どうしておかしいの？（理由を問いながら、整理をしていく）

**【板書例】**
バス
じょうよう車
トラック
クレーン車
~~タクシー~~
~~ダンプカー~~
~~パトカー~~

---

ここでのポイントは、「挿絵」と「本文」を分けるということである。挿絵を見て、いろいろな自動車が出てくるだろうが、本文に出てくるものに限定していくことが大切だ。

**第四時**
①音読
②「場面」の確定
③「問い」の確定

**【指導例】**

このお話には、いろいろな自動車が出てきました。その自動車ごとに、お話を分けてみます。分かれるところに番号を書いていきます。

1は、いろいろあるよと、説明しているところ。2はバスや乗用車です。3はトラック。4はクレーン車ですね。全部で四つの場面に分かれます。

さて、そんないろいろな自動車の何が知りたいのでしょうか。質問している文を探します。どこの場面にありそうですか？

1の場面を一緒に読んでみよう。質問している文を見つけたら、指で押さえます。

「どんなしごとをしていますか。そのために、どんなつくりになっていますか。」

このお話は、二つも質問しちゃってるんだ。質問している証拠のひらがなは何でしょうか？（か、です）

質問が二つもあるので、簡単に覚えておきましょう。何と何が知りたいんだろう。

「しごと」と「つくり」について、注意してみるといいってことだな。

---

この時間では、「段落」も指導している。

段落そのものは「三年生」の学習内容である。

したがって、形式段落、意味段落などの言葉には触れていない。また意味段落の方が授業展開の中で指示するにはやりやすいことから、ここでは、意味段落を「場面」として教えている。

**第五・六・七時**

①音読

②「答え」の確定

**【指導例】**

2の場面だけ。みんなで読みます。

どんな乗り物が出てきますか。

乗り物のなにが知りたいんだった？「しごと」と「しくみ」だな。

バスや乗用車は、どんな仕事をしていますか。

そのためにどんなしくみがありますか？

**【板書例】**

バス

じょうよう車

しごと

人をのせてはこぶ

しくみ

①ざせきがひろい

②大きなまどがたくさんある

---

第五から六時では、乗り物の仕事と仕組みを整理していく。

ただ、この仕事と仕組みをいきなり全部書かせるのは難しい。

例えば、「人を□□□□□しごと」のように穴埋めにするなど、ステップを緩やかにしてやりたい。もちろん、第五時、六時、七時と進むにつれて、子供たちだけででできそうならば、ヒントなしでやらせてみてもいい。

**【板書例】**
クレーン車
しごと
おもいものをつり上げる
しくみ
①じょうぶな
うでがのびたり
うごいたりする
②しっかりしたあしが
ついている

**【板書例】**
トラック
しごと
にもつをはこぶ
しくみ
①ひろいにだいが
ある
②タイヤがたくさん
ついている

ここまでが、説明文の基本的な指導であろう。

ちなみに、この単元は、その後、自動車について調べて、同じような形で作文を書くことになる。

その際にも、

**①自動車の名前**
**②その自動車の仕事**
**③そのための仕組み**

の構造が生きてくる。例えば次のようになる。

**【メモ例】**
①自動車の名前
キッチンカー
②その自動車の仕事
食べ物をつくって売る
③そのための仕組み
車の中にコンロがある
メニューや看板もついている

**【文章例】**

キッチンカーは、いろいろなところで食べ物をつくって売るしごとをしています。

そのために、車の中にコンロがあったり、メニューやかんばんがついていたりします。


文章の構造を読み解くことが、構造を使って、文章を書くことにもつながっていく。

【思・判・表等　B書くこと】

# 手本があるから上達する！

## 作文ページの教え方ガイド

▼三浦宏和

### 『町の「すてき」をつたえます』（教育出版二年上）の実践例

この単元のゴールは「町探検報告文を書く」ことである。そのために次のような指導を中心に展開した。

**（1）伝聞の文末表現を意識させる**
**（2）情報を共有・蓄積させる**
**（3）視写することにより、構成や表現を学ばせる**
**（4）話型を教える**

それぞれについて解説する。なお、コロナ禍での実践であるため、町探検ではなく、専科教室の先生にインタビューをし、作文を書くことにした。

（写真はその時のインタビューメモである。あらかじめ、教室名と選んだ理由を書いておき、聞いたこと、見たこと、思ったことの順でメモを取らせた。）

### （1）伝聞の文末表現を意識させる

教科書の見本の作文を読むと文末に伝聞の表現が意図的に使われている。「～そうです。」「～ということでした。」「～だと教えてもらいました。」「～ことがわかりました。」といった表現である。これは新学習指導要領になって、変化したことである。以前の教科書ではあまり入っていなかった。このことについては、この単元ページ末の教え方ガイドにも「大事な言い方」として載っている。

**【大事な言い方】**
●どうしてかというと、～からです。
●はじめに
●つぎに
●さいごに
●～そうです。
●～ということでした。

教材文を何回か音読した

後、これらの表現を丸で囲ませた。

　次に、インタビューメモをもとに、作文の文章に近い形で付箋に書き出していく。「聞いたこと」（黄色い付箋）「見たこと」（青）「思ったこと」（ピンク）にそれぞれ分けて書いていく。

　その際、学習ガイドの「大事な言い方」を子供たちに使わせるため、私はチェックリストを作成した。

　このチェックリストがあることによって、「はじめに」「つぎに」のような順序を表す言葉、伝聞を表す文末表現をどれだけ使えたか、子供たち自身が意識しながら書いていくことができる。

「大事な言い方」をつかおう　　名前

◎つかえたら、□に○をつけよう！

□どうしてかというと、
　～からです。
□はじめに
□つぎに
□さいごに
□～そうです。
□～ということでした。
□～だとおしえてもらいました。
□～ことがわかりました。
□～と思いました。

下書き
■聞いたこと
～と、おしえてもらいました
～だそうです。
～ということでした。
■見たこと
～がありました。
■思ったこと
～おどろきました。

～と思いました。


ここまでのポイントをまとめる。

**作文表現を向上させる手立て・授業ワザ**
**①作文見本の使わせたい表現を○で囲ませる。**
**②インタビューメモから付箋に書かせる際に、それらの表現を使わせる。**
**③その際、チェック表を持たせる。**

## (2) 情報を共有・蓄積させる

　教科書には、「学習のすすめ方」も示されている。「①書きたいことをあつめる。②「たんけんカード」に書く。③グループで話し合う。」とある。これを利用したい。

　同じ場所で同じインタビューをしていても、メモをあまり書けていない子がいる。そこで、クラスの友達とたくさん情報交換させ、作文を書くための情報の蓄積をさせる。

　まずは、聞いて回らせる。自分の書いていたメモの内容と違う

**学習のすすめ方**
**1書きたいことをあつめる。**
⇦
**2「たんけんカード」に書く。**
⇦
**3グループで話し合う。**

ものを友達に聞いて回れたら1ポイントとして、いくつ聞けたかをポイント制にする。これだけで、子供はノリノリになって活動する。


**「どれぐらい他の人と、自分と違うことを聞きましたか。」**

**「1ポイント」「2ポイント」と、子供たちにポイントを尋ねて挙手で確認をする。**

**「7ポイント以上の人、すごい！　すごいですねえ！」というように子供たちを褒めてのせていく。**

**「今、みなさんは他のお友達から宝物をいただきました。自分が考えたものよりもさらにいいアイデアをもらえたと思います。僕もそういえばそのことを聞いていたな、見ていたな、僕もそのことが作文に書けるな、というものがあったら付箋に付け足して書いていきましょう。それでは付け足しタイムようい、スタート。」**


これを付箋の色ごとに行う。

クラスには必ず、インタビューのその場にいて聞いていたが、メモに残すことが苦手な子供がいるので、このように共有させる時間を教師は意図的に作るとよい。

　たくさん付箋が書けたら、次は書いた付箋の中から、同じ事柄について結び付けて並び替える作業をさせる。例えば、「つくえの中にコンロや水道があることがわかりました。」と「アイロンが見えないところにあっておどろきました。」のように、見聞きしたことと思ったことをつなげさせていくのである。これを作文に書くときに、つなげて書けばよいのである。このように、付箋を使い、書いたメモを移動させていけば、文章の構成を低学年のうちからも考えさせていくことが可能なのである。

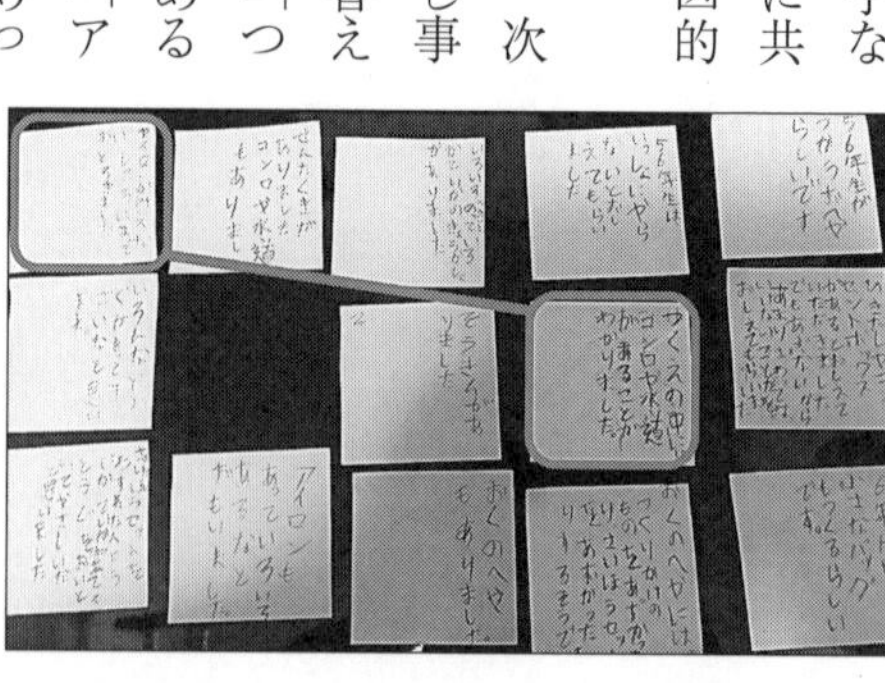

**書けない子への手立て・授業ワザ**
**①意見交換をさせることで、書く情報を蓄積させる。**
**②たくさん集めることへの意欲付けとして、ポイント**

**制にする。**
**③見聞きしたことと思ったことをつなげさせる。**

### （3）視写することにより、構成や表現を学ばせる

作文用紙にまとめていく前に教科書の教材文の視写をさせる。文章の構成や表現力を学ぶには視写が一番と考える。

視写をさせる際、普通の原稿用紙に書かせては子供が混乱する。教科書と原稿用紙ではマス目の数が違うからである。うまくいかない。

子供に視写をさせるなら、教科書のマス目と合わせた原稿用紙を作る必要がある。だが、それだけでは、まだ足りない。改行の位置を間違えたり、文字を飛ばしてしまったりする子が必ず出る。

そこで、写真のような原稿用紙に薄い字でいくつかの文字を入れ込んだものを用意する（薄い字は蛍光ペンのピンクで書き込み、文字・写真モードで印刷する）。

こうすれば、視写している途中で間違えた箇所があれば、子供自身が気付いて直すことができる。しかも少ない範囲で間違いに気付けるので、全部書いてしまってから直すよりも、負担を感じずにすむ。

### （4）話型を教える

教材文にある話型をトレースし、お手本として利用する。つまり、教材文の中で自分の作文にも使える言葉を丸で囲ませて、話型にするのである。「はじめに」などのほか、「〜のことについてしょうかいします。」「どうしてかというと、」「〜をくわしく知りたかったからです。」「〜と教えてくれました。」など、そっくりそのまま使える表現がある。これを順序よく使っていけば、作文がスムーズに完成する。

実際、どの子もまとまりのある文章が書けていた。

**書けない子への手立て・授業ワザ**
**①視写をし、文章の構成や表現を学ばせる。**
**②教材文にある表現を丸で囲ませる。**
**③教科書の話型をトレースさせる。**

「あさのおひさま」

【思・判・表等 B書くこと／C読むこと】

# キーワードを見つける力の育成
## 中学年につながる学習を仕組む

▼堂前直人

「要約」という言葉が教科書や指導要領に出てくるのは、三年生・四年生である。

低学年の指導内容に「要約」はない。

したがって、明確に「要約」を教える場面はないといえる。

しかし、中学年になって要約を学ぶために、要約につながる力を低学年時に高めておくことは大切だ。

では、要約につながる力とは何だろうか。それは、

> **キーワード（大切な言葉）を見つける力**

である。

そのために、次のような発問を繰り返し取り上げ、問いかけたい。

> **①簡単にいうとどんな話ですか？**
> **②話の中に誰が出てきますか？**
> **③一番大事な登場人物は誰ですか？**
> **④誰が何をする話ですか？**
> **⑤何について書いてある話ですか？**

以降、前述の発問を含め、中学年の要約指導につながる授業例をいくつか紹介する。

また本稿では、要約につながる部分のみを取り上げるため、単元全体ではなく授業の一部を記載している。

### 1 光村一年生「あさのおひさま」
### ～発問でキーワードを見つける～

音読が中心の教材である。十分に音読させた後、

> **発問：何のお話ですか？**
> （おひさま）
> **発問：いつのおひさまですか？**
> （あさのおひさま）

説明：あさのおひさまのお話なんだね。
発問：あさのおひさまはおおきいのかな？
　　ちいさいのかな？
　　（おおきい）
説明：おおきいんだよな。
発問：どのくらいだと思う？　体でやってごらん。
発問：おひさまは何色ですか？
　　（あか）
発問：どうしてわかったの？
　　（あかいかおってかいてある）

このやりとりの中で、「あさのおひさま」「おおきい」「あかい」というキーワードを見つけさせている。
一つ目の方法として、このように、発問しながら、キーワードを見つけさせていくやり方がある。

## ❷光村一年生「はなのみち」～登場人物を見つける～

発問：だれが出てきますか？
　　（くまさん　りすさん）

説明：お話に出てきて話したり動いたりする人や動物を「登場人物」といいます。
発問：くまさんとりすさん、お話の中で、特に大事な登場人物はどちらですか？
　　（くまさん）
説明：くまさんがお話の中で、一番大事な登場人物ですね。
発問：くまさんはお話の中で、どんなことをしていますか？
　　（ふくろをみつけた）
　　（りすさんのいえにいった）
発問：それで最後はどうなったのですか？
　　（ふくろにあながあいていて、はなのみちができた）

ここでは、「くまさん」という一番重要となるキーワード（主役）を登場人物の中から見つけさせている。
このように、いくつかの言葉の中から、どちらがより重要かを判断させる場面も経験させたい。
物語文の場合であれば、登場人物・主役を考えさせることで、キーワードを見つける力を高めていくことができる。

その上で、そのキーワード（主役）を追いかけながら、話を読み進めていくことで、読み取りも深まっていく。

### ❸光村二年生「たんぽぽのちえ」～書き抜いて、短くまとめる～

説明：たんぽぽの変化を簡単にまとめます。
発問：はじめ。春になると・・・どうなりますか？
（黄色いきれいな花がさく）
発問：もっと短くいうと？
（花がさく）
指示：ノートに書きます。
①春に花がさく
発問：花がさいたら、次はどうなりますか？
（花がしぼんで黒くなる）
指示：②花がしぼんで黒くなる　と、書きます。
発問：次、どうなりますか？　ノートに書きます。
③花のじくが□□□□。

（③花のじくがたおれる）
発問：次、どうなりますか？　ノートに書きます。
④□□を太らせる　（④たねを太らせる）
発問：次、どうなりますか？　ノートに書きます。
⑤花が□□て、□□□ができる
（⑤花がかれて、わたげができる）
発問：次、どうなりますか？　ノートに書きます。
⑥花のじくが□□□□って、□□□。
（⑥花のじくがおき上がって、のびる）
発問：次、どうなりますか？　ノートに書きます。
⑦わたげを□□□。（⑦わたげをとばす）
説明：①から読んでみましょう。
①春に花がさく
②花がしぼんで黒くなる
③花のじくがたおれる
④たねを太らせる
⑤花がかれて、わたげができる
⑥花のじくがおき上がって、のびる
⑦わたげをとばす

ここでは、たんぽぽの変化する様子を、キーワードを「書き抜きながら」、考えさせている。

要約のキーワードは、多くの場合、本文中に記述されている。したがって、この「書き抜く」という作業は、キーワードを見つける学習としては、効果的だ。

さらに、ただ書き抜かせるだけでなく、

**文字数を限定する　□で何文字かを確定させる**

ことで、取り組みやすくすると共に、答えを確定させることができる。

また、

**言葉を少し変化させる　たおれて→たおれる**
**二文をつなげさせる**

こともさせたい。これも要約する際に、必要になってくる力である。

## ４ 光村二年生「スイミー」～体言止めでまとめる～

**説明：主人公のスイミーについてまとめます。**
**〇〇なスイミーと、最後がスイミーで終わるように書きます。**
**発問：例えばどんなものがありますか？**
**（まっくろなスイミー）**
**（マグロにおそわれたスイミー）**
**（およぐのがはやいスイミー）**
**指示：そんなふうに、できるだけたくさんノートに書きます。**
**三つ書けたら、先生に見せに来ます。**
**指示：（ノートを見せに来た子に〇をした後）**
**一つ、黒板に書いてごらん。**
**書いたら、また探します。**

要約指導の際には、一番大切なキーワードを際立たせるために、「おおきくてあかいおひさま」、「なかまをふやすためのたんぽぽのちえ」のように、体言止めで整理をさせることが多い。なので、体言止めも教えておきたい。

また、体言止めを経験させておくことで、「言葉を繋げる」、「言葉を変化させる」学習にもなる。

「情報を集める」

【知識・技能 (1)言葉の特徴や使い方】

# 情報を集める力をつける

## 調べ学習の教え方ガイド

▼田丸義明

### 1 情報を集める学習方法

本テーマの「情報を集める」とは、調べ学習をするということだ。

どのように集める（調べる）のかというと、

**インタビューをする。（紹介し合う活動を含める）**
**図鑑などの本を読む。**
**観察や見学をする。**
**インターネットで検索をする。**

などになる。

また、「多くの情報を集める場合」には、「メモの指導」が必要になってくる。いきなりは難しいので、連絡帳に予定を書く際に、先生が言ったことを聴き書きさせるなど、簡単な活動から始めるとよい。

ちなみに、指導要領上では、「調べる」は、三、四年生で扱われる事項である。ここでは、低学年でも可能な情報を集める方法について考えてみる。

### 2 インタビューで情報を集める

光村図書の一年生でいえば、「情報を集める活動」は、前期、後期で六回程度ずつ設定されている。教師が設定する言語活動によって変化するが、該当する単元は以下である。なお、（イ）はインタビュー、（本）は図鑑などの本を読む、（見）は観察や見学、（検）はインターネットの検索を表す。

どのような情報かというと、「友だちの好きな動物」「学校にある施設」「かたかなの言葉」などである。

**一年上1「あつまって　はなそう」**
**友だちと好きな動物などを紹介し合う。（イ）**
**2「こんなものみつけたよ」**
**音楽室など学校の施設を発表する。（見）**
**3「ききたいな、ともだちのはなし」**

好きな遊びについて会話をする。（イ）
知ったことについて、みんなに紹介する。（イ）
（例：田中さんは、おにごっこが好きです。）
4「おおきくなった」
植物の様子を観察し、文章にする。（見）
5「かたかなをみつけよう。」
かたかなのことばを集める。（本）（検）
6「うみのかくれんぼ」
かくれる生き物の本を読む。（本）（検）

一年下1「しらせたいな、見せたいな」
見つけたもの、生き物、ものを紹介する文章を書く。（見）
2「じどう車ずかんをつくろう」
自動車の図鑑などを用いて、自分でも自動車を紹介する文章を書く。（本）（検）
3「ともだちのこと、しらせよう」
友だちにインタビューをし、みんなに知らせる文章を書く。（イ）
4「ききたいな、ともだちのはなし」
友だちが紹介する好きなお話を聞き、質問をし合う。（イ）
5「どうぶつの赤ちゃん」
動物の図鑑などから、わかったことを書いて知らせる。（本）（検）
6「いいこといっぱい、一年生」
一年生での思い出を思い出したり、相談したりして、文章に書く。（イ）

半分が「インタビュー」である。

**一年生にとっての「情報を集める（調べる）」活動の中心は、「口頭でやりとり（インタビュー）をすること」**

であることがわかる。また、

**インタビューのポイントは、話型を提示すること**

である。

**「私の好きな食べ物は□□です。」**

**「○○さんはどうですか。」**

**「なぜそれが好きなのですか。」**


などの話型を示すことで、安心して活動をすることができる。

## 3 図鑑などで情報を集める

図鑑などで情報を集める単元は、

**上6「うみのかくれんぼ」**
**かくれる習性をもつ生き物の本を読む。**
**下2「じどう車ずかんをつくろう」**
**自動車の図鑑などを用いて、自分でも自動車を紹介する文章を書く。**
**下5「どうぶつの赤ちゃん」**
**動物の図鑑などから、分かったことを書いて知らせる。**

などである。どれも説明文の後の学習活動である。図鑑に載っている説明は、キーワードだけ掲載されていたり、教科書の説明文と話型や形式がちがったりする。

そのため、子供が戸惑うことが予想させる。

そこで、事前に、

**図鑑での情報の集め方を教えること**

が必要になる。

私は次のように行う。

**1 手本となる文章を穴あきで提示する。**
**2 五つの文でできていることを確認する。**
**3 五文全て書けなくともよいことを伝える。**
**4 早く終わった子は、絵を加えるか、二つ目の事柄を調べておくように伝える。**

当然、事前に教師が図鑑を見ておき、図鑑の項目に合わせて、手本の文章を作成する。

□□の赤ちゃんについておしえます。
生まれたときの大きさは、□□ぐらいです。
たべるものは、□□です。
いろは□□です。
ほかにも□□です。

パンダの赤ちゃんについておしえます。
生まれたときは、3センチメートルぐらいです。
たべるものは、木のはやくさです。
いろはピンクいろっぽいです。

## 4 観察や見学で情報を集める

観察や実験で情報を集める活動は、生活科での学校探検や朝顔などの植物の育成といったように教科横断的に行われる。どれも、実際の活動と結びつきがあるので、子供たちは面白そうに行う。

上2「こんなものみつけたよ」
　音楽室など学校の施設を発表する。（見）
上4「おおきくなった」
　植物の様子を観察し、文章にする。（見）
下1「しらせたいな、見せたいな」
　見つけたもの、生き物、ものを紹介する文章を書く。（見）

**ポイントは数値を入れることである。**

何個あったのか。何センチぐらいなのか。何色なのか。などの視点をもって臨むことにより、子供の姿勢が前向きになることがわかる。

見学や観察でメモしたことが、文章作成の材料になる。メモを文章作成につなげるためには、分類したり、チャートに当てはめたりといった活動をするとよい。

## 5 インターネットで情報を集める

インターネットを使って情報を集める活動は、低学年には難しい。

キーボードの入力、低学年にもわかるサイトを見つけることはなかなかできない。

そこで、教師が役に立つサイトを事前に提示しておく。そうすることで、一台端末を使って、ホームページから情報を得ることができる。低学年は「ウェブ版図鑑」だと思って指導をする。なお、文章化させる場合は、図鑑と同様の手立てをする。

「春がいっぱい」

【知識・技能 ⑴言葉の特徴や使い方】

## 列挙→分類が基本
## 思考ツールを活用し、分類させる

▼堂前直人

情報を「分類」、「整理」するためには、まず、情報を「列挙」する必要がある。

したがって、情報をまとめるための作業手順は次のようになる。

> ①列挙：あるテーマに対する情報を集める
> ②分類：集めた情報をいくつかに分ける
> ③整理：分けた情報群に名前を付ける

さらに学習を深めるとするならば、

> ④追加：名前を付けた情報群に情報を追加する
> ⑤加工：情報群の一つ、もしくは全体を見やすくまとめる

のもいい。

以下、授業の実際を紹介する。

なお、授業の中で新出漢字の練習等も行うことから、教科書の教材の読解に使用する時間は一時限で三〇分程度を想定している。

### 1 光村二年生「春がいっぱい」

この授業の一連の流れは、「夏がいっぱい」、「秋がいっぱい」、「冬がいっぱい」でも同じ流れで活動させることができる。

> 第一時　春を集める
>
> 準備物　春を感じるものの写真やイラスト
>
> 【列挙】
>
> 発問：（写真を見せながら）これは何？
> （さくら）
> 発問：（写真を見せながら）これは何？
> （たんぽぽ）
> 発問：（写真を見せながら）これは何？
> （入学式）

**発問：この三つから感じる季節はいつですか？**
**（春）**
**説明：今日は「春」を集めます。**
**指示：見たり、体験したり、食べたりすると、春だなあと思うものをできるだけたくさんノートに書きます。**
**指示：三つ書けたら立ちます。一つ言って座ります。**

まずは列挙させる活動である。その際に大切なことが二つある。

一つは、「例示」である。例示することで、「そういうことか」とわかる。

例示は教師が行ってもよいし、思いついた子供に言わせてもよい。

また、口で言わせる（音声情報で例を示す）方法もあれば、早くできた子に黒板に書かせる（視覚情報で例を示す）方法もあり得る。

大切なことのもう一つは「評価評定」である。

「たかしくんはもう七つも書いている」と個数を取り上げ評価する方法。「○個書けたら、一年生合格。○個書けたら、二年生合格」のように、全体に評定基準を知らせる方法。「○個書けたら、先生に見せにおいで」のようにノートを持って来させて個別に評価する方法。

方法は様々あるが、活動に対して、評価評定することで、子供の意欲は高まり、より多くの事柄が列挙されることになる。

**第二時　集めた春を分ける**
**【分類・整理】**
**説明：見つけた春を三つのグループに分けます。例えば、タンポポとサクラ。**
**発問：これは、春の何と言えそうですか？**
**（春の花）**
**発問：タンポポ、サクラの他に、春の花はありますか？**
**（スミレ）**
**説明：こうやって、仲間に分けてから、付け足してもいいです。**

第二時としてあるが、一時間の中で分類まで進んでもよい。

この場面でも、「例示」が大切になる。活動をイメージさせることで、子供の動きが安定する。

分類させる数は、三つでも、四つでもよい。子供に任せて指定しない方法もある。

初期指導であれば、最初は分類数を決めた方が活動しやすい。

ノートを使うよりも、プリントの方が、活動しやすい。その際に、プリントを下の図のようなT字やY字に区切っておくとよい（「Tチャート」や「Yチャート」と呼ばれる分類する際に使用される思考ツールである）。

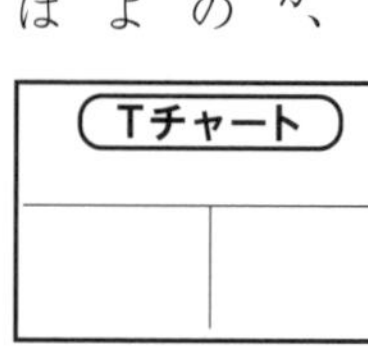


また、プリントに直接書き込ませるのではなく、「付箋」を使うという方法もある。

付箋の利点は、位置の変更のしやすさである。その場合は、列挙する段階から、付箋に書き込ませておきたい。

もちろん、一台端末の活用も可能である。

**第三時　春をまとめる**

**【加工】**

**説明：見つけた春のうち、一つをプリントにまとめます。**

**絵も入れて、きれいにまとめましょう。**

こちらも第三時としてあるが、繰り上げて作業してもよい。

絵本や図鑑も活用させることで、教室に掲示できる作品に仕上がるはずだ。

## 2 一年生「〇のつく言葉集め」

一年生であれば、「ひらがな」、「カタカナ」の学習で取り組むことができる。

まず「列挙」だけで授業するとよい。

**指示：「あ」から始まる言葉をできるだけたくさんいいましょう。（書きましょう）**

次に、少し制限をかける。

**【パターン①】**

**指示：「あ」から始まる二文字の言葉をできるだけた**

くさんいいましょう。（書きましょう）

【パターン②】

指示：「あ」で終わる言葉をできるだけたくさんいいましょう。（書きましょう）

【パターン③】

指示：「あ」が真ん中につく言葉をできるだけたくさんいいましょう。（書きましょう）

【パターン④】

指示：「あ」から始まる言葉を二文字、三文字、四文字と増やしながらできるだけ長い言葉を書きましょう。

もちろん、「あ」でなく、「い」でも、「う」でもできる。私は一年生を担任していたとき、毎時間五分ほどやっていた。

さらにレベルを上げて、「あ」と「い」の両方がつく言葉でもできる。「拗音」や「促音」でやることもできる。

こういった言葉集めを繰り返していくうちに、語彙数も増えていく。

「カタカナ」で書く言葉を集めることもできる。カタカナであれば、「ー（長音）」のつく言葉も面白い。

こういった活動は、「練習をしよう！」と言わずとも、子供たちが山ほどひらがなやカタカナを書く。調べて書く子もいれば、家でやってくる子もいる。

子供たちの動きをさらによくする大切なポイントがある。それは、

### 先生が驚いて褒める

ことである。

ここで重要なことは、褒めるのではなく、「驚いて」褒めるということだ。「すごいなあ！」、「えー‼」と大げさに驚くのである。

子供たちは、家でも同じようにやってくる。そうして、教室の中に、熱中状態が生み出される。

列挙だけでも、十分に盛り上がるが、前述のように「分類」していってもよい。「食べ物」、「動物」、「色」など一年生なりに分類することができる。

分類することで、例えば「カレーライス」という言葉を、「食べ物」という大きな概念で考えることができるようになっていくという点でもおすすめである。

「かんさつ名人になろう」

【思・判・表等　B書くこと】

# 図を文章にする力がつく言語化の教え方ガイド

## 図と文章をつなぐ言葉を獲得させせよう

▼松田春喜

### 1 視点がなければ見えない

生活科で育てている花を見に行く。子供たちは嬉々として活動に取り組む。しかし、観察したことをまとめる段階になると、とたんに書けなくなる子がいる。何も書けない子は「観察の視点」が、備わっていないのだ。見ているようで、見えていなかったのだ。

光村図書こくご二上では『かんさつ名人になろう』のページがあり、次の観察の視点が示されている。

**大きさ・形・色・長さ・手触り・数・におい**

教科書で教えてから観察に行くと、多くの子供たちが、この視点をもとに観察ができる。

ここでは、観察の視点をエピソードで記憶に残す方法を紹介する。

#### （1）まずは体験させてみる

ミニトマトの観察前に、学年園で育てていた夏野菜を見に行った。行く前に、次のように話した。

**観察をして、わかったこと・気づいたこと・思ったことを、できるだけたくさんメモしておきましょう。**

「たくさん」がポイントだ。様々な視点を獲得させるためには、量が必要だからだ。この際の教師の仕事は

**子供たちの発見に驚き続けること**

である。「そんなことまで発見したの？　すごいなぁ」とみんなに聞こえる声で褒める。すると、周りの子も、俄然張り切り出す。

#### （2）学びを整理し、視点を共有する

教室へ戻って、学びを整理する。次回はミニトマトの観察をすることを述べ、次のように述べる。

**たくさん発見するためには、どんなことを観察すればいいですか。ノートに箇条書きしましょう。**

ノートを見て回り、たくさん書けていることを評価していく。「こんなことまで」というものほど、驚きの声をあげることが大切だ。書けたことを学級で共有すると、次のような視点が出された。

**もよう・陽当り・表と裏の違い・葉の厚み・他の花と比べる・どんな虫がいるか・土の色**

「視点」を獲得させ、その視点で次なる観察に進むと、たくさんの文章を書けるようになる。

その後、教科書を読み、次のように話した。

**教科書も大切なことが書いてあるけど、みんなで考えた方が、もっと色んなことが学べるね。**

みんなで考えを出し合うことでたくさんのことが学べた。といった経験やエピソードがあることで、記憶に留めることができる。

### （3）ICTを活用し、物語を作る

生活科とリンクさせ、図（写真）を文章にする機会を作る。

**ミニトマトの成長**

小さかったミニトマトが大きくなって、黄色い花がさきました。花がかれたら、小さいみができて、トマトが丸くなりました。みどり色のみが黄色になって、オレンジになって、赤くなって、食べごろになりました。

まず、端末の写真機能でミニトマトの成長過程を記録しておく。赤い実がなった時に、これまでの写真を使って、ミニトマトの成長を文章にする。ミニトマトの成長物語である。文章だけでなく、写真を用いたが、

**図（写真）と文章をつなぐ〈体験〉をさせる**

ことは重要である。低学年から、このように体験を媒体にして図と文章をつなぐ機会を、たくさん作ってあげたい。それが高学年の読解力につながる。

## 2 〈図の読みとり〉は質問が効果的

光村図書こくご二上に掲載されている『あったらいいな、こんなもの』は、図（絵）を読みとるために質問をし合う内容だ。

### （1）教えたいことは言わせる

「知りたいことを質問してみましょう」という指示よりも、良い方法がある。子供が質問するような場を作り、質問したことを褒めて、質問を次々に出させる方法だ。その方が知的だし、子供がやる気になる。やり方は簡単だ。

**教師は黙って、子供の発言（質問）を待つ**

不十分な情報であれば、子供は知りたくなる。情報を与えすぎず、子供の発言を待つのだ。

「あったらいいな、こんなもの。先生が描いたものを紹介します」と言って、絵を提示する。それ以上は言わない。

子供からは、様々なリアクションが出てくる。そんな中、「先生は、タケコプターがほしいの？」という質問が出た。「いい質問だなぁ」と褒め、「先生がほしいのは、タケコプターではないんだよ」と返す。「何で同じ絵が二つ描いてあるの？」という疑問が出た。「いい疑問だなぁ」と褒め、「どうしてだろうね」と返す。子供たちが予想を話し出す。

**質問や疑問を述べ合う形で授業を進めながら、図（絵）を読みとらせていく。**

最後に「先生の〈あったらいいな〉は、思ったことを一瞬で写真や動画にしてくれる道具でした。みんながたくさん質問してくれたから、一枚の絵でも、いろいろ詳しくわかったね」と締めくくった。

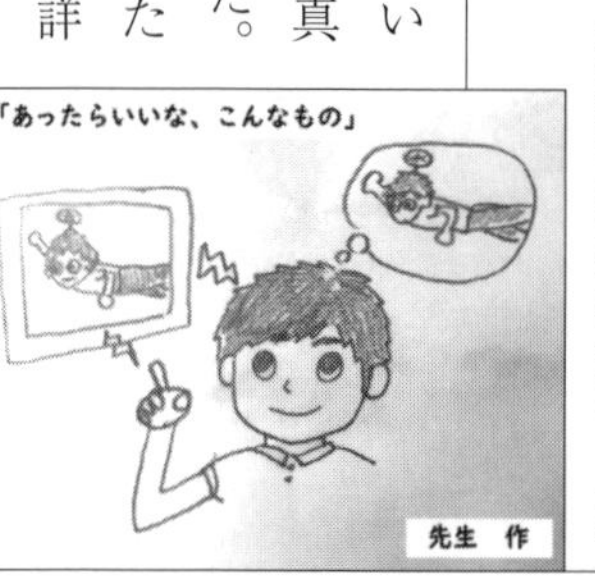


### （2）〈質問〉は主体的に読みとっている証拠

右記のように、

**図（絵）を、質問によって読みとっていく体験**

を全員で確認した。質問や疑問が出るというのは、子供たちが主体的に図を読みとっている証拠である。

### （3）ICTを活用し、たくさん読みとらせる

一人一台端末を活用し、全員分の絵を集め、共有し、次の指示を出す。

**お友だちの絵を見て、どんなものを描いているか予想をして、ノートに描いてみましょう。**

気になった子は、休み時間でも質問をしに行く。教科書の図より、友だちの書いた図の方が、興味関心は高まるはずである。

## 3 説明ゲームで楽しく言語化

東京書籍こくご二上に『ことばで絵をつたえよう』がある。描いた絵を見せず、言葉だけで説明し、どんな絵なのかを聞いた方に描いてもらうゲームだ。子供たちは

楽しく言語化にチャレンジできる。

例えば、この絵。外側の楕円は、最初に描かせるか、最後に描かせるか。上の三角から描かせるか、真ん中の○から描かせるか。子供たちは考える。

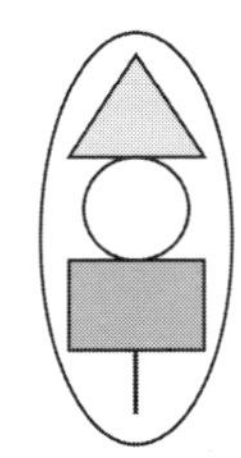

**正確に描いてもらうには〈説明の順序〉が重要**

であることが実感できるゲームだ。また、ゲームなので気楽に学べる。トライ&エラーを繰り返しながら、図を言葉にすることを学習できる。

定着を目指すのならば、三回は機会を確保したい。下の図のように教師が前もって図（絵）を準備しておいて、説明する場を増やしてもよい。また、子供たちに図（絵）を描かせ、集めて活用するのもよい。

**ことばで絵をつたえよう**

十分ほど時間を使って、継続的に学習の場を作ることで確かな力をつけたい。

## 4 教科書を存分に活用しよう

### （1）図と文の関係を吟味する

東京書籍こくご二下に『ビーバーの大工事』がある。他の説明文教材と同様に図（写真）が多く使われている。その写真を活用すべく次の指示を出した。

**写真にぴったり合う一文を本文から探してごらん。**

一文と限定するからこそ、図と文を細かく見る（読む）ようになる。一字一句を吟味し、写真のすみずみまで情報を探していた。このような学習は、図を文章にする力をつけることにつながる。

### （2）語彙を豊かにしよう

言葉をもたなければ、説明はできない。文章を書かせるときに活用したいのが、

**教科書の巻末にある〈ことばのたからばこ〉（光村）**

である。様々な言葉が掲載されている。自分が表現したいことに、ぴったり合う言葉を探すのに活用することができる。

【思・判・表等　A話すこと・聞くこと】

# チャットで話し合い（討論）する力がつく　討論の教え方ガイド

## 話し合いの足場を作る

▼松田春喜

### 1「声」だけだと多くの子が聞き逃す

二年生の教室。子供たちが活発に話し合い活動に取り組んでいるように見える。しかし、話し合いの中身をよく聞いてみると、かみ合っていない。話はしているが「合い」にはなっていない。それぞれが自分の言いたいことを言っているだけだった。

**（1）「目」と「耳」の両方から入れる**

低学年の子は「言いたい」気持ちが先に来る。だから、聞いているようでも聞けていなかったり、覚えていなかったりする。それは、仕方のないことだ。話し合いになるように「耳」だけでなく、「目」からも情報が入るようにし、忘れても、それを見れば思い出せる支援をすればよい。

**（2）チャットで話し合いの足場を作る**

例えば、チャットで意見交換をするのではなく、黒板がわりに使って、互いの言いたいことを確認できる「足場」「視覚支援の一つ」として活用する。それを見ながら、話を聞いたり、質問をしたりすることで、話し「合い」の状態になるように進めるのがよい。

### 2授業の実際

光村図書二年生下に『みんなで話をつなげよう　そうだんにのってください』のページがある。グループで互いの相談したい内容を出し合い、解決策を話し合っていくものだ。今回はメタモジ・クラスルームを活用した事例を紹介する。

**（1）相談したいことを文字にする**

相談したいことをシートに書き込む。共同編集が可能なので、記入場所を決めれば一斉に書き込める。

**（2）どの子も「質問」ができるサポート**

このシートを使い、話し合いを進めるのだが、友達の意見をより詳しく知るためには質問が必要である。質問が難しいという子のために、シートの下に質問をサポートするための「５Ｗ１Ｈ」をのせておく。質問が思いつかない

〈友達に相談したい内容を書き込む〉

○弟のたんじょう日になにをあげたらよろこぶか。

○読む本がなかなかきまらない

○ともだちとどうやったらなかよくできるか。

○いちねんせいのかんげいかいでなにをやったらいいか。

なに　いつ　だれ　どこ　どのように　なぜ　そのほか

子も、どれかを使い、参加することができる。また、「そのほか」の項目も入れる。これがあることで、「5W1H」以外の自分なりの質問を考えてみようという子が出てくる。話し合いの後に、「そのほかの質問ができた人はいますか」と聞き、評価すると次から挑戦する子が増えてくる。どの子も参加できるよう、サポートをし、得意な子も伸ばしていくようにシートの作りを工夫する。

## (3)「時間」を確保する

質問をサポートするシートがあっても、考える時間がなければ、質問できない子がいる。子供たちの話し合いの流れの中に、きちんと組み込むように教師がガイドしなければならない。

話し合いの流れは次のようにする。

**①意見・考えを書く**
**②意見・考えを発表する**
**★③友達への質問を考える**
**④友達に質問をする→質問に答える**
**★⑤次の話し合いでどれを取り上げるかを考える**
**⑥話し合って決める**

★印は考える時間をとるもの。

## (4) 話し合うことを明記する

相談したいことを出し合い、その中から話し合う話題を決める。話し合いがずれないように「わだい」の欄に決めたことを書くように指示する。話し合いの途中に「話題がずれていないか」と確認を入れる。

## (5) 積極的に書き込ませる

デジタルの良さの一つが、自由に書き込みができる点だ。それぞれの意見・考えについて、つないだり、考えをつけ

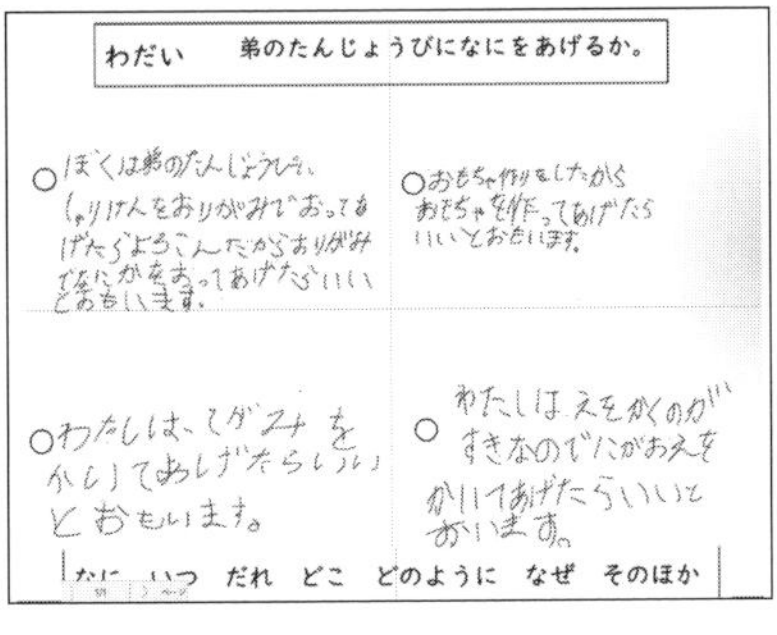

わだい　弟のたんじょうびになにをあげるか。

なに　いつ　だれ　どこ　どのように　なぜ　そのほか

足したりできる。頭の中だけでは難しいことも、デジタルの長所を生かせば、目に見える形で、クリアすることができる。

話し合いにおいて、目も耳も手も使いながら、学習するように進めていきたい。

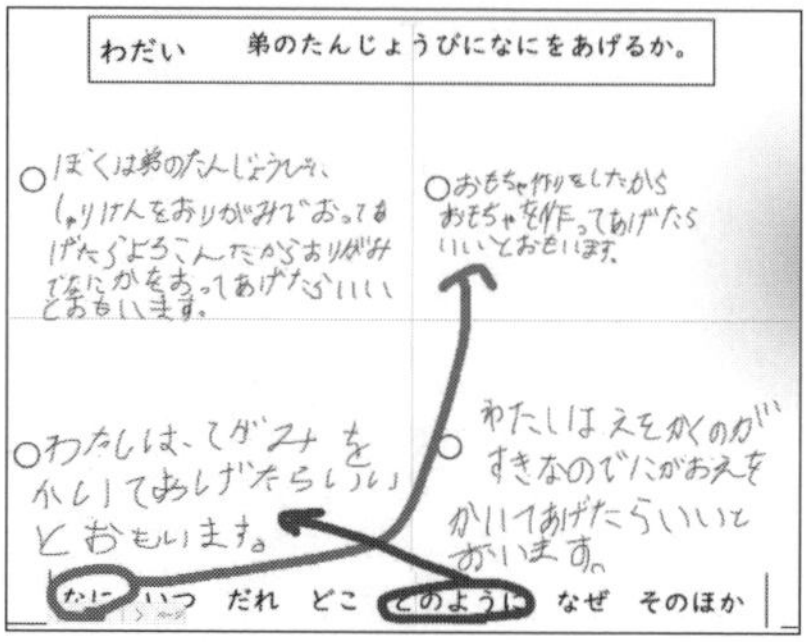

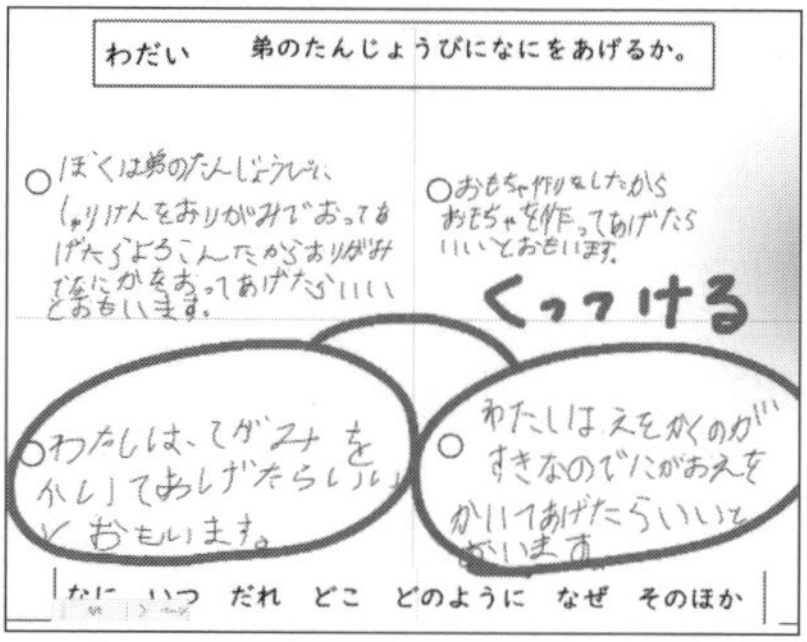

**(6) 効果的な話し合いにするための手立て**

「弟の誕生日に何をあげるか」について話し合っていたグループが、あることに気がついた。それは、弟が何を好きなのかについてグループで共有できていなかったということだ。話し合いを、より効果的にするためには、そういった基本となる情報が必要であることを学級全体で共有した。

その後、シートの中央部に、共有しておくべき情報を書かせるようにした。その情報をもとに考えると、一回目とは異なる情報が出された。子供たちと「大切な情報を、みんなが知っていると、もっと詳しい話し合いができるんだね」と話した。

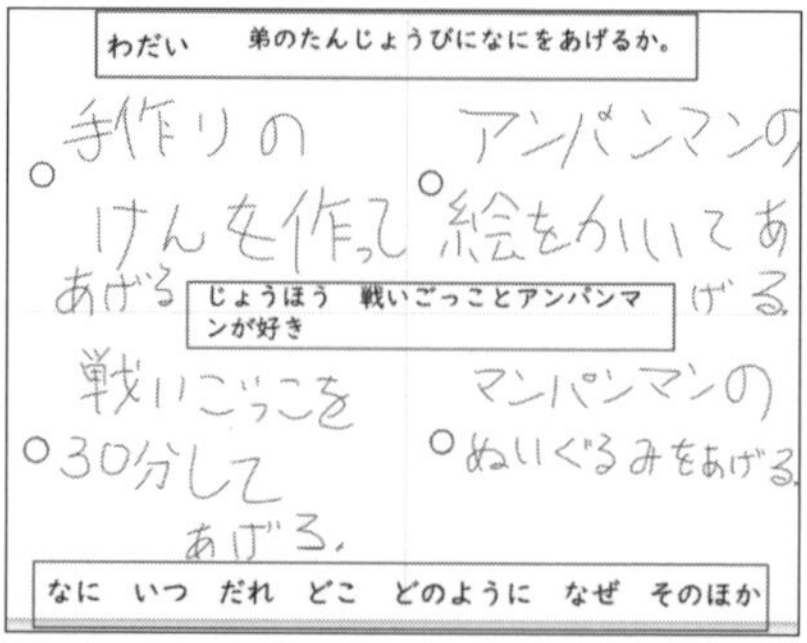

グループでの話し合いについて、チャット（意見・考え）だけでなく押さえておくべき三つのことをまとめる。

**話題…話がずれないため**
**情報…より効果的な話し合いをするため**
**質問…より詳しい情報共有をするため**

**(7) 振り返りにそった〈まとめ〉**

教科書には「ふりかえろう」という名のチェック項目

が掲載されている。指導要領を踏まえた項目であるから、それを参考に振り返りをさせればよい。ノートに書かせてもいいが、シートをつくって端末に送った方が早いし、集めるのも便利である。

話し合いを踏まえ、最終的には自分なりの答えを形成しなければならない。話し合って終わりであれば、話し合いが目的となってしまうからだ。

これ以外にも発表の仕方やメモの仕方といった振り返りの項目も考えられる。低学年のうちは、反論・批判といったことよりも、共通点や相手の長所といった点に焦点化し、楽しさの中で話し合いを進めるのがよい。

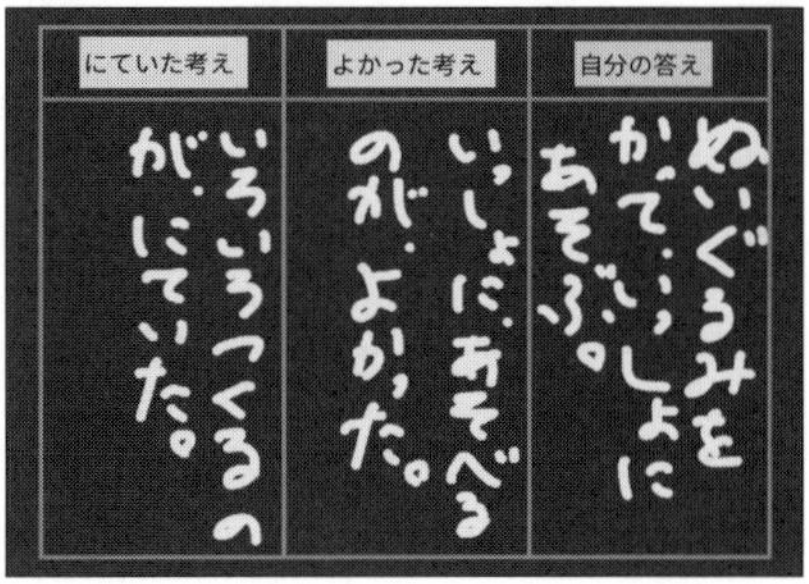

## 3 シートを必要としないで話し合いができることを目指す

チャット機能で、話し合いの足場をつくる。

声だけの「空中戦」では話し合いが難しい低学年では必要な支援である。しかし、いつまでもそれでいいわけではない。文字で書いてあるとわかりやすいという体験を踏まえ、次は友達の意見を自分でメモをして、考えるようになるように育てていきたい。

支援のためのデジタルシート。そのシートを必要としない子を育てることを念頭に置いて指導をする。次のようにステップを踏みながら、空中戦でも話し合いができるように育てていきたい。

**ステップ1：シートに自分の考えを書き込む**
**ステップ2：シートに友達の考えを書き込む（メモ）**
**ステップ3：メモをする媒体をシートかノートか、その他かを自分で選択させる**
**ステップ4：書き込む情報を短くする（要点だけ）**
**ステップ5：簡単な話題についてメモなしで挑戦（旅行に行くなら山か海かのような話題）**

「ずうっと、ずっと、大好きだよ」

【思・判・表等　C読むこと】

# 一年光村「ずうっと、ずっと、大好きだよ」実例紹介

▼木田健太

## 1 自分の考えを伝えること

「ずうっと、ずっと、大好きだよ」では、「文章を読んで感じたことやわかったことを共有すること」、つまり、仲間に自分の考えを伝えることを、学習における最重要項目としている（下図参照）。

子供たちが、自分の考えを伝えるためには、次の二つが重要であると考える。

①教材文の内容を把握する

②伝え方を知る

本チェックシート（以下、「振り返りシート」）で、①②の達成度や定着度を子供自身が把握できるようにしたい。

指導事項配列表（1年　物語教材）

| 教材名＼指導事項 | 知識・技能 | | 思考力・判断力・表現力 | | |
|---|---|---|---|---|---|
| | 語彙を豊かに | 音読 | 登場人物行動 | 内容把握 | 共有 |
| はなのみち | | ◎ | | ◎ | |
| おおきなかぶ | | ◎ | | ◎ | |
| おむすびころりん | | ◎ | | ◎ | |
| やくそく | | ○ | ○ | ◎ | |
| くじらぐも | ・ | ○ | ◎ | ○ | |
| おかゆのおなべ | | | | | ○ |
| たぬきの糸車 | ・ | ○ | ◎ | ○ | |
| ずうっと、ずっと、大好きだよ | ・ | ・ | ○ | | ◎ |

◎　その単元が主たる学習場面であり、確実に身に付けさせることが望まれる。
○　主たる学習場面は他にあるが、学習することでそれを支えたり定着させたりすることが望まれる。
・　学習活動として蓄積させる。

## 2 教材の内容を把握する

### （1）音読

内容を大まかにでも理解するために、しっかりと本文を音読させる。ポイントは二つ。

①ハッキリとした声で　②スラスラと

である。この二つなら、一年生でも理解できる。

### （2）登場人物の確認

登場人物とは、話に必要な人や動物のことである。

**（動物も含めて）大切な人物は誰ですか。**

「ぼく」、「エルフ」、「ママ」、「にいさん」、「いもうと」、「じゅういさん」、「となりの子」、「子犬」などが挙げられる。

そこで、わざと教師が、

**「となりの子」や「子犬」は大切ではないよね。**

と言うと、すかさず子供たちは「大切だ」と言う。理由を尋ねると、「となりの子」や「子犬」がいないと、お話にならないからだと言うので、褒める。

### （3）「～が」「～を」の確定

**「ぼく」は、誰のことを大好きだと言っているのですか。**

これは、「エルフ」という意見と「ほかの犬」、「子ねこやきんぎょ」という意見に分かれる。どちらも正解である。

また、

**誰が「エルフ」のことを大好きだと言っているのですか。**

これも、「ぼく」という意見と、「かぞく」、「みんな」という意見に分かれる。どちらも正解である。

「～が」「～を」は、二年生での主語・修飾語の学習につながっていく。

### （4）内容把握

学習ガイドには、「エルフは、どんなふうにかわっていきましたか。たしかめましょう。」とある。もう少しかみ砕いて発問する。

**エルフが変わっていったことがわかるところに線を引きなさい。**

全部で四つある。

①「エルフは、どんどんふとっていった。」
②「ねていることが　おおくなり」
③「さんぽを　いやがるようになった。」
④「かいだんも　上れなくなった。」

**つまり、どうなったのですか。**

「年をとった」のである。この発問により、子供たちは先ほど教科書に線を引いた箇所をさらに短くまとめることができるようになる。「要約」や「語彙の変換」である。これも国語で大切な力のひとつである。

ここまで学習をし、内容が理解できているかを振り返りシートで確認する。

**振り返りシートの①と②をします。**

振り返りシートの結果や子供の様子に応じて、指導内容や方法の補填を図る。

## 3 伝える方を知る

### （1）伝えるためのステップ

自分の考えを伝えられるようにするために、二つのステップを踏む。

①自分の考えをノートに書かせる。

②隣の席の子に、ノートに書いたことを言わせる。

まず、テーマを「おはなしをよんで、『いいな』とおもったこと」とする。ステップ①について、

**お話を読んで、よかったと思うところをノートに書きます。**

低位の子には、「〜がよかったと思いました」等の話型を示したり、教師が一緒になって書いてあげたりするとよい。書けた子からノートを持ってこさせ、教師が○をつける。これだけで、子供たちは安心する。

次にステップ②について、

**書いたことを、お隣さんに発表してごらんなさい。**

隣の人ならすぐに発表できる。あるいは、

**立ち歩いても構いません。ノートに書いたことを三人のお友達に発表したら、自分の席に戻ります。**

と、指示をする。少人数ならば発表することのハードルが低く安心してできる。この後、班で発表し合ったり、全体の前で発表させたりしてもよい。

この二つのステップは、次のテーマにも応用できる。

○ おはなしをよんで、ふしぎにおもったこと
○ 「ぼくは、なぜ、となりの子に、バスケットをあげたのでしょう」
○ 「あなただったら、どうしますか（バスケットをあげるか、あげないか）」

## （2）考えの共有

**お友達の考えを聞いて、「なるほどな」と思ったことを、「振り返りシート」の③に書きます。ノートを見せ合いっこしてもいいです。**

ノートを見せ合ったり、子供たちに黒板に書いてもらったりしても共有することができる。教師は、どの意見も、驚いて、共感しながら褒めてあげるのがよい。

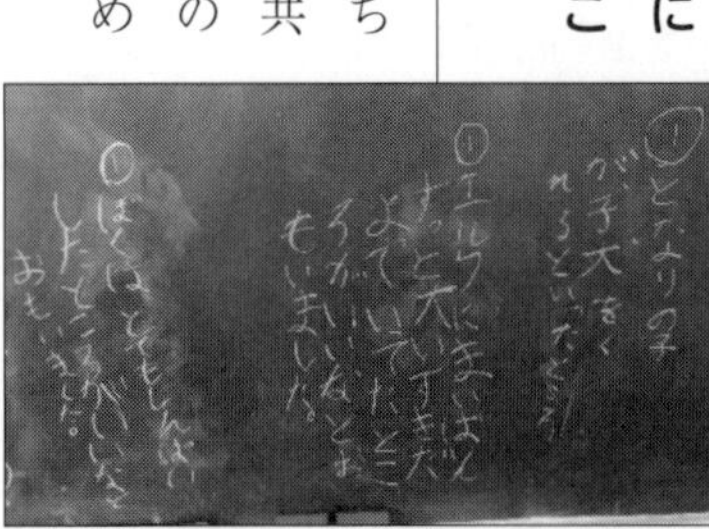

# こくごのがくしゅう　ふりかえりシート

（　　　）くみ　（　　　　）ばん　なまえ（　　　　　　　　　　　）

① おはなしで　だれが　でてくるか　わかりましたか。あてはまるものに○をつけましょう。

（　よくわかった　　わかった　　あまりわからなかった　　わからなかった　）

② 「ぼく」が、「エルフ」のことが　大好きだとわかるところを見つけることが　できましたか。あてはまるものに○をつけましょう。

（　よくできた　　できた　　あまりできなかった　　できなかった　）

③ おともだちの　かんがえを　きいて、「なるほど」と　おもったことを　かきましょう。

| おともだちの　なまえ | 「なるほど」と　おもったこと |
| --- | --- |
| れい）　けんた　（くん）・さん | かぞく　みんなが、エルフの　ことが　大好きなところ　です。 |
| くん・さん | |
| くん・さん | |
| くん・さん | |

馬のおもちゃ作り

【思・判・表等　B書くこと】

# 二年「説明文単元」の実例紹介

## 子供自身で、自分の文章を振り返られる！おもちゃの作り方の説明書づくりの授業展開

▼野村尚也

### 1 馬のおもちゃの作り方（光村図書）

| 時数 | 指導内容 |
| --- | --- |
| | 『馬のおもちゃの作り方』 |
| 1 | 音読　学習の計画を立て、見通しをもつ |
| 2 | 〈作り方〉の並び替えを行い、順序を表す言葉や絵の大切さを理解する |
| 3 | 馬のおもちゃを作りながら、説明の工夫を見つける |
| 4 | 文章がまとまりごとに書かれていることを理解する |
| | 『おもちゃの作り方をせつめいしよう』 |
| 5 | 音読　説明の工夫について復習する |
| 6 | 自分のおもちゃの前書き、材料と道具について書く |
| 7、8 | 自分のおもちゃの作り方について書く |
| 9 | 自分のおもちゃの遊び方か楽しみ方について書く |
| 10 | チェックシートを使って、書いた文章を振り返る |
| 11 | グループで読み合い感想を伝え合う |

**（1）音読**

内容理解のために、毎時間、授業の始まりの5分程度、一人で音読する。

**（2）文章の並び替え**

一人一台端末（ロイロノート）を使って、〈作り方〉の文の並び替えを行う。教科書の文を付箋に打ち込み、文が動くようにして子供の端末に送る。

> **段落の最初の言葉だけで、並べてごらんなさい。**

どの子も、順序を表す言葉に注目し、正しく並び替えることができた。

文章の順序を確定した上で、馬のおもちゃの作り方の写真を送り、写真の並び替えを行う。

> **写真のことが書いてある文を探します。見つけたら、写真と文を線で結びます。**

線で結んだ後に、写真があれば、わかりやすく説明できることを確認する。次に、このように聞く、

> **わかりやすくするための工夫を二つ見つけなさい。**

子供たちからは、「写真がある」「まず、つぎにという言葉がある」と色々と意見が出てくる。

順序を表す言葉や写真による説明があると、わかりやすい文になることを、活動を通して理解できる。

**（3）馬のおもちゃ作り**

準備として、子供たちには、教科書に書いてあるような空き箱を用意させる（レトルトカレーがよい）。

〈作り方〉

**何の作り方を説明していますか。教科書の書いてあるところに線を引きます。**

冒頭にある「前書き」に着目させ、馬のおもちゃの作り方に線を引かせる。その後、教師が作ったものを見せ、完成形をイメージさせる。

**使うものは何ですか。材料は赤で、道具は青で線を引きます。**

〈ざいりょうと道具〉では、空き箱や色画用紙は赤線。物差し、はさみ、ホチキス、のりは青線で引く。道具と材料の違いを子供に意識させる。

〈作り方〉では、一気に作らせるのではなく、段落ごとにおもちゃを作り、できたら教師に見せに来させた。できた子は、終わってない子をサポートする。この繰り返しで、全員が同じ時間に馬のおもちゃを作ることが可能になる。

全員が作り終えたら、

**おもちゃを作る時に、気をつけて読んだり、何度も読み返したりしたところに線を引きなさい。**

と指示し、子供に説明の工夫を探させた。下記のような説明の工夫を板書することで、見つけるための手立てとした。

| 説明の工夫 | |
|---|---|
| ①順序を表す言葉 | 「まず」「つぎに」など |
| ②長さ | 「四センチメートル」 |
| ③向き | 「よこむき」 |
| ④重ね方 | 「はしを合わせて」 |

**(4) 文のまとまりを捉える**

本文は「前書き」→〈ざいりょうやどうぐ〉→〈作り方〉→〈楽しみ方〉の順で文が構成されている。

**文のまとまりのはじめに〈　〉がついています。これを「見出し」と言います。**

「見出し」をつけることや書く順番を守ることで、文章がわかりやすくなることを確認する。

**(5) 馬のおもちゃの作り方の書き方をまとめる**

**①写真や絵をつけること。**

> ②「作り方」では、順序を表す言葉を使うこと。
> ③説明の工夫となる言葉「長さ、向き、重ね方など」を入れること。
> ④〈見出し〉をつけ、順番に気を付けて書くこと。

## 2 おもちゃの作り方をせつめいしよう

「馬のおもちゃの作り方」で学んだことを活かして、生活科で作ったおもちゃの説明書を書く。

### （1）説明の工夫を確認する

まず、教科書の「けん玉の作り方」を音読する。音読を何度か繰り返した後、このように指示する。

> **説明の工夫を復習します。けん玉の作り方は大きく三つのことが書かれています。何ですか。**

〈見出し〉をおさえる。〈材料と道具〉、〈作り方〉、〈遊び方〉の三つである。

> **〈作り方〉を見ます。説明の工夫が書かれています。お隣さんと説明の工夫を探します。**

「まず」「つぎに」などの順序を表す言葉、絵、向きや重ね方の言葉を見つけさせる。

### （2）おもちゃを用意する

おもちゃの説明書を書くために、自分のおもちゃを用意する。ただ、目の前にあると書くことに集中できないため、一人一台端末を使って、様々な角度から写真を撮り、いつでも見返せるようにしておく。

### （3）説明書を書く

作文用紙に説明書を書かせる。
授業の展開は以下の通りである。

> **タイトル、名前を書きます。そして、「□をつかった○の作り方をせつめいします。」と、書きます。**

□には主な材料、○には作ったおもちゃを書く。

> **まず、材料を書きます。いくつ使ったかも書きます。書いたら先生のところへ持って来ます。**

黒板には、・まつぼっくり　一つ　・毛糸　一本（つくえのよこの長さ）と書いておく。

子供たちは、一人一台端末を見ながら書く。

## 次に使った道具を書きます。書けたら持って来ます。

書いた文章は、その都度確認していく。教師が確認することで、子供も安心して書き進められる。

次に、作り方・遊び方を書かせていく。

四角い紙を配り、説明の絵を描かせる。

そして、絵に合わせて説明の文を書く。ここでも、一つ書けたら教師に見せにくる。

水入り三人のりのバスの作り方

名前 すず木さくら

ペットボトルをつかった水入り三人のりのバスの作り方をせつめいします。

〈ざいりょうとどうぐ〉

・水・ペットボトル・竹ぐし二本・ペットボトルのキャップ四つ・紙コップ三つ・ストロー一本・画用紙・きり・セロハンテープ・はさみ。

〈作り方〉

まず、ストローをはさみで半分に切ります。そしてペットボトルのはしとはしにセロハンテープでとめます。

つぎにペットボトルキャップのまん中にきりであなをあけます。これを四回やります。

それから、竹ぐしをストローの中に入れます。そして、あなをあけたペットボトルキャップを竹ぐしにはめます。これを二回やります。

そして長い竹ぐしで紙コップの口をつけるところにあなを二つあけて竹ぐしを通します。これを三回やります。そしてセロハンテープで竹ぐしをとめます。

そしてペットボトルをたてさせ、よこにしたひとこしゆびぐらいに水を入れます。

そして、画用紙に絵を書いてペットボトルにセロハンテープでとめます。

これで水入り三人のりのバスのかんせいです。

〈あそび方〉

カプセル二つを紙コップの上にのせてぼうでおしてあそびます。

友だちとタイムをはかってきょうそうすると楽しいですよ。

教師は次のことをチェックする。

**①絵があるか。**
**②材料や道具が書いてあるか。**
**③長さ、向き、重ね方などの説明を詳しくする言葉があるか。**

最後に、遊び方まで書けた子は、チェックシートを使い、自分のおもちゃの説明書を振り返りさせる。

まず、自分で振り返る。次に、友だちに読んでもらい、チェックを受ける。最後に、教師に提出する。

教師は、チェックシートの項目に従って、確認する。間違いが無ければ完成である。

完成したらグループで読み合い、感想を伝え合う。

ふりかえりチェックシートはQRコードからダウンロードが可能です。

# おもちゃの作り方をせつめいしよう　ふりかえり　チェックシート

二年　　組　　番　　名前（　　　　　　　　）

おもちゃの　せつめい書について、①～⑥のことを　ふりかえってみよう。かくにんして、なおしたら、自分のところに○をつけます。友だちにも　チェックしてもらい、○をつけて　もらおう。

| ふりかえること | 自分 | 友だち |
|---|---|---|
| ①　ひらがな、カタカナ、かん字の　まちがいは　ありませんか。 | | |
| ②　「は」「を」「へ」は、正しく　つかえていますか。 | | |
| ③　丸（。）や点（、）は、　正しく　つかえていますか。 | | |
| ④　しゅ語、じゅつ語がない文は　ありませんか。 | | |
| ⑤　じゅんじょが　分かることばを　つかっていますか。 | | |
| ⑥　絵は　文しょうと　合っていますか。 | | |

# あとがき

【一】

算数では、指導の系統が強く意識されている。二年生でかけ算九九を学習し、その後、かけ算の筆算を経て、わり算につながっていく、というように、何年生で何を学ぶのか。ここで学んだことがどこで関わってくるのかがはっきりしている。

では、国語ではどうか。
一年生のこの単元での学習は、どこにつながっているのか。
二年生でこの単元に入る前に、子供たちはどのような学習をしてきているのか。
これらは、教師側にとって、明確になっているのか。子供に明示されているのか。
そういった「学習の系統」が曖昧ではないかと思っている。

しかし、新指導要領に対応した教科書では、そのことに対応したかたちになってきている。例えば、光村では、単元に入る前に「これまで学習したこと」が扉のページに掲載されている（一年生の教科書だけはそうなっていない部分もある）。

【二】

新指導要領で特に求められている指導の一つに、語彙指導がある。それに対応した指導として、教科書の巻末に「ことばのたからばこ」（光村）がある。このページを利用することが有効である。

【三】

一人一台端末が子供の学習用に配備された。しかし、特に低学年ではどのように活用すれば良いのかを求められている先生も多い。どのような実践が可能なのか。

以上三つのことは、新指導要領で求められていることであり、そして本書の柱になっていることである。本書によって、先生方の日々の実践が、子供の学びが、少しでも深まることにつながれば幸いである。

最後に、本書は、向山洋一氏、谷和樹氏をはじめ、多くの先生方による実践と知の結晶として生まれた。また、刊行にあたり樋口雅子氏には多大なるご支援をいただいた。
多くの方との関わりに感謝し、あとがきの結びとしたい。

**田丸義明**（神奈川県川崎市立小学校教諭）

◎執筆者一覧


| | |
|---|---|
| 田丸義明 | 神奈川県川崎市立公立小学校教諭 |
| 富樫僚一 | 宮城県仙台市立蒲町小学校教諭 |
| 堂前直人 | 愛知県名古屋市立公立小学校教諭 |
| 小島庸平 | 東京都公立小学校教諭 |
| 柳町　直 | 茨城県公立小学校教諭 |
| 三浦宏和 | 東京都公立小学校教諭 |
| 松田春喜 | 熊本県熊本市公立小学校教諭 |
| 徳本孝士 | 神奈川県川崎市立公立小学校教諭 |
| 野村尚也 | 神奈川県横浜市立公立学校教諭 |
| 岡　孝直 | 岡山県井原市立木之子小学校教諭 |
| 篠崎栄太 | 神奈川県厚木市立公立小学校教諭 |
| 武田晃治 | 神奈川県横浜市立公立小学校教諭 |
| 木田健太 | 愛知県公立小学校教諭 |
| 藤原　司 | 広島県公立小学校教諭 |

[監修者紹介]

**谷和樹**（たに・かずき）

玉川大学教職大学院教授。TOSS 代表。日本教育技術学会会長。北海道札幌市生まれ。神戸大学教育学部初等教育学科卒業。兵庫県の加東市立東条西小、滝野東小、滝野南小、米田小にて22年間勤務。その間、兵庫教育大学修士課程学校教育研究科にて教科領域教育を専攻し、修了。教育技術法則化運動に参加。TOSS の関西中央事務局を経て、現職。国語、社会科をはじめ各科目全般における生徒指導の手本として、教師の授業力育成に力を注いでいる。『子どもを社会科好きにする授業』『みるみる子どもが変化する「プロ教師が使いこなす指導技術」』（ともに学芸みらい社）など、著書多数。

**長谷川博之**（はせがわ・ひろゆき）

早稲田大学卒。早稲田大学教職大学院卒。TOSS副代表。NPO 法人埼玉教育技術研究所代表理事。日本教育技術学会理事、事務局長。JP 郵便教育推進委員。埼玉県公立中学校教諭。全国各地で開催されるセミナーや学会をはじめ、自治体や学校、保育園が開催する研修に招かれ、年間80 以上の講演や授業を行っている。自身の NPO でも多種多様な学習会を主催している。主な著書に『生徒に「私はできる！」と思わせる超・積極的指導法』『長谷川博之の「成功する生徒指導」の原則』『中学校を「荒れ」から立て直す』『中学の学級開き 黄金のスタートを切る３日間の準備ネタ』『中学生にジーンと響く道徳話 100 選』（以上、学芸みらい社）等がある。

[編者紹介]

**田丸義明**（たまる・よしあき）
神奈川県川崎市公立小学校教諭

**水本和希**（みずもと・かずき）
神奈川県横浜市立高田小学校教諭

学習者端末　活用事例付
国語教科書のわかる教え方 1・2年

2022年９月５日　初版発行

監修者　谷　和樹・長谷川博之
編　者　田丸義明・水本和希
発行者　小島直人
発行所　株式会社学芸みらい社
〒162-0833　東京都新宿区箪笥町31番　箪笥町SKビル3F
電話番号 03-5227-1266
https://www.gakugeimirai.jp/
E-mail : info@gakugeimirai.jp
印刷所・製本所　藤原印刷株式会社
企　画　樋口雅子／協力　阪井一仁
校　正　菅　洋子
装　丁　小沼孝至
本文組版　橋本　文

落丁・乱丁本は弊社宛お送りください。送料弊社負担でお取り替えいたします。

ISBN978-4-86757-007-4 C3037